110 Keywords Wirtschaftsethik

Oliver Bendel · Nick Lin-Hi ·
Andreas Suchanek

110 Keywords
Wirtschaftsethik

Oliver Bendel
Hochschule für Wirtschaft
Fachhochschule Nordwestschweiz
Windisch, Schweiz

Nick Lin-Hi
Wirtschaft und Ethik
Universität Vechta
Vechta, Deutschland

Andreas Suchanek
School of Management
HHL Leipzig Graduate
Leipzig, Deutschland

ISBN 978-3-658-36384-0   ISBN 978-3-658-36385-7   (eBook)
https://doi.org/10.1007/978-3-658-36385-7

Die Deutsche Nationalbibliothek verzeichnet diese Publikation in der Deutschen Nationalbibliografie;
detaillierte bibliografische Daten sind im Internet über http://dnb.d-nb.de abrufbar.

Planung/Lektorat: Merle Kammann
Springer Gabler ist ein Imprint der eingetragenen Gesellschaft Springer Fachmedien Wiesbaden GmbH
und ist ein Teil von Springer Nature.
Die Anschrift der Gesellschaft ist: Abraham-Lincoln-Str. 46, 65189 Wiesbaden, Germany

Inhaltsverzeichnis

Über die Autoren

Prof. Dr. Oliver Bendel studierte Philosophie und Germanistik sowie Informationswissenschaft an der Universität Konstanz und promovierte im Bereich der Wirtschaftsinformatik an der Universität St. Gallen. Er lehrt und forscht in der Schweiz in Wissensmanagement und Informations-, Roboter- und Maschinenethik.

Prof. Dr. Nick Lin-Hi ist Inhaber der Professur für Wirtschaft und Ethik an der Universität Vechta. Er promovierte an der HHL Leipzig Graduate School of Management und war von 2009 bis 2015 Juniorprofessor für Corporate Social Responsibility (CSR) an der Universität Mannheim. In seiner Forschung beschäftigt er sich insbesondere mit Arbeits- und Konsumwelten im digitalen Wandel, Sprunginnovationen für eine nachhaltige Entwicklung sowie der Zukunft der Ernährung.

Prof. Dr. Andreas Suchanek forscht und lehrt seit 2004 an der Handelshochschule Leipzig zu den Themenfeldern Wirtschafts-, Unternehmens- und Führungsethik. Zudem ist er im Vorstand des Wittenberg-Zentrums für Globale Ethik tätig.

A

Adults only

1. *Allgemein:* Nach dem Ansatz des Adults only werden Kinder bzw. Minderjährige bei kommerziellen Einrichtungen oder Veranstaltungen grundsätzlich nicht oder nur zu einer bestimmten Jahres- oder Uhrzeit zugelassen. Beispiele sind Erwachsenenhotels und -restaurants sowie Kreuzfahrt- und Expeditionsschiffe. Die Parole „No children allowed" war international schon im 20. Jahrhundert bekannt, etwa bei Resorts auf Jamaica.

2. *Merkmale:* Adults-only-Einrichtungen oder -Veranstaltungen erfreuen sich großer Beliebtheit, nicht allein bei kinderlosen Erwachsenen oder älteren Personen, sondern auch bei Eltern, die ihren Nachwuchs vor ihrem Aufenthalt oder ihrer Teilnahme in eine Betreuung gegeben haben. Den Anbietern respektive Betreibern geht es um die Ruhe ihrer Kunden, den Schutz ihrer Einrichtungen oder das Abwenden von Gefahren.

3. *Kritik und Ausblick:* Kritiker werfen den Erwachsenenhotels und -restaurants vor, Familien zu diskriminieren. Ebenso könnte man Kinder- und Familienhotels unterstellen, Singles und Paare zu

O. Bendel et al., *110 Keywords Wirtschaftsethik*, https://doi.org/10.1007/978-3-658-36385-7_1

benachteiligen. Auf jeden Fall gibt es, mit Blick auf Lebenssituationen und Mitgäste, eine spezifische Nachfrage, die ein spezifisches Angebot nach sich zieht. Die Wirtschaftsethik kann die Kontroversen mit ihren Begriffen und mit ihren Methoden des Dialektischen und Diskursiven begleiten.

(Oliver Bendel)

Aktivist

1. *Allgemein:* Ein Aktivist oder eine Aktivistin (engl. „activist") setzt sich für ein soziales, ökologisches oder politisches Ziel wie Beendigung von Kriegshandlungen, Eindämmung des Klimawandels und Abschaffung der Massentierhaltung oder der Überwachung ein, etwa mithilfe von Informationsbroschüren, Manifesten, Petitionen und Demonstrationen sowie des Engagements in den sozialen Medien. Der Aktivismus kann individueller Art sein oder im Rahmen von Nichtregierungsorganisationen („non-governmental organizations", NGOs) wie Amnesty International, Greenpeace oder PETA respektive von Bewegungen wie Fridays for Future (FFF) stattfinden. Er kann sich auf fremde oder eigene (auch persönliche) Verhältnisse richten.

2. *Hintergrund:* Ein Journalist oder ein Wissenschaftler kann ein Aktivist sein, sollte aber nach verbreiteter Ansicht beide Bereiche voneinander trennen. Er oder sie hat sozusagen verschiedene Hüte auf. So kann jemand zunächst als Wissenschaftler dem Erkenntnisgewinn dienen, dann als Aktivist seine Erkenntnisse nutzen, um die Welt zu verändern. Der Aktivismus kann durchaus seine Forschungsschwerpunkte prägen, sollte sie aber nicht vollständig bestimmen. Der Journalist wiederum sollte sagen, was ist, um Rudolf Augstein einzubeziehen, und sich mit keiner Sache gemein machen, um Hanns Joachim Friedrichs verkürzt wiederzugeben, nur mit der Wahrheit (damit auch mit der Wissenschaft), um eben das sagen zu können, was ist. Rosa Luxemburg sprach in Anlehnung an Ferdinand Lassalle davon, dass man laut sagen sollte, was ist, was sie als politische Aktivistin charakterisiert.

3. *Kritik und Ausblick:* Der Aktivismus ist eine Ausübung von Grundrechten und dient zugleich dazu, diese zu stärken und zu vermehren, sowohl mit Blick auf Menschen als auch auf Tiere. In seiner radikalen Form trägt er dazu bei, die Zustände zu verändern und zu verbessern, in seiner extremen bedeutet er Gefahr für Personen und Unternehmen, gegen die sich der Aktivist oder die Aktivistin gewendet hat. Im 21. Jahrhundert ist der Aktivismus mit der Wokeness verbunden, der Haltung und Bewegung der Wachheit und Wachsamkeit, geht jedoch keineswegs in ihr auf. Die Ethik untersucht den Moralismus, der in beiden verankert sein mag, und die Verhältnismäßigkeit der Mittel und Folgen. Die Informationsethik beschäftigt sich mit den Implikationen des Cyberaktivismus, einschließlich der digitalen Selbstverteidigung. (Oliver Bendel)

Armut

Pauperismus, Deprivation.
Aus ethischer Sicht hat, von freiwilliger Armut abgesehen, immer das Gebot gegolten, den Armen zu helfen. Mit der Umstellung der modernen Wirtschaft auf die Systemsteuerung seit dem 18. Jahrhundert wird Armut zunehmend als Systemergebnis aufgefasst. Dies hat zur Folge, dass die normativ geforderte Bekämpfung der Armut von personalen Vorstellungen (barmherziger Samariter, heiliger Martin) auf Armutsbekämpfung durch (Wirtschafts-)Politik umgestellt werden muss. Wirtschaftsethik sieht die Bekämpfung der Armut nur im Rahmen einer geeigneten (Welt-)Ordnungs- und Sozialpolitik als Erfolg versprechend an.
Die *ethische* Begründung einer Bekämpfung von Armut zielt auf die Wirkung von Armut auf die Betroffenen ab. Sie sieht in der Armut eine Beeinträchtigung der Menschenwürde und Selbstentfaltungsmöglichkeiten. Die *ökonomisch* begründete Bekämpfung der Armut geht von der Wirkung der Armut auf das Gesamtsystem, also auf Arme und Nichtarme, aus. Sie sieht das Bedrohungspotenzial der Armen (Kriminalität, Migration, Bevölkerungsexplosion, Umweltverschmutzung) und die unausgeschöpften Möglichkeiten, die

nicht realisiert werden können, wenn die Armen arm bleiben; sie plausibilisiert aus solchen Überlegungen die Vorzugswürdigkeit einer Ordnung, die zu einer Milderung oder Beseitigung von Armut führt. Letztlich sind beide Perspektiven komplementär anzuwenden, um Armut dauerhaft wirksam bekämpfen zu können.

(Andreas Suchanek, Nick Lin-Hi)

Artenvielfalt

1. *Allgemein:* Artenvielfalt ist die Vielfalt der Arten von Lebewesen. Der Begriff kann das gleiche wie „Artenbestand", „Artenspektrum" oder „Artenzahl" bedeuten. Für eine grobe Quantifizierung braucht es eine adjektivische Ergänzung wie „groß", „klein" oder „gering". Darüber hinaus wird mit „Artenvielfalt", wie mit „Artenmannigfaltigkeit", die Vielfältigkeit der Arten ausgedrückt. Der Begriff der Diversität (lat. „diversus": „abweichend", „verschieden") bzw. der Biodiversität (gr. „bíos": „Leben") verweist, hierin vergleichbar, auf die Verschiedenheit der Arten.

2. *Artensterben:* Das Phänomen, dass permanent ein beschränktes Aussterben der Arten (aufgrund ihrer begrenzten Existenz) stattfindet, nennt man Hintergrundaussterben. Als Massenaussterben wird ein sich vom Hintergrundaussterben stark abhebendes Verschwinden vieler Arten in relativ kurzer Zeit bezeichnet. Vor dem Ende des Perms starben zwischen 77 und 96 % der meeresbewohnenden Tierarten aus. Die Ansicht, dass wir uns am Anfang eines Massenaussterbens befinden, wird selbst von vorsichtigen Schätzungen untermauert.

3. *Nutzungsmöglichkeiten:* Wichtige Nutzungsmöglichkeiten der Artenvielfalt beziehen sich etwa auf Ernährung, Herstellung von Gegenständen und Kleidungsstücken mithilfe von Fasern sowie Gewinnung von Arzneimitteln. Ein Verlust an Arten verbaut Möglichkeiten für die Zukunft, die sich angesichts der Bevölkerungsexplosion und neuartiger und alter, bisher nicht heilbarer Krankheiten als existenziell herausstellen könnten. Insofern sollten Wissenschaft, Wirtschaft und Politik gleichermaßen an Artenschutz interessiert sein.

4. *Artenschutz:* Beim Artenschutz kann man den individualistischen Ansatz vom Ansatz des Schutzes der Habitate unterscheiden, wobei man beide miteinander verbinden kann. In der wissenschaftlichen Behandlung des Problems setzen sich immer mehr für einen Artenschutz ein, der nicht von der menschlichen Gefühlslage abhängt. So wird die Anwendung des Triage-Prinzips gefordert, das aus der Militärmedizin stammt. Hier bedeutet es, dass nach wissenschaftlichen oder wirtschaftlichen Erwägungen der einen Art geholfen, die andere jedoch fallengelassen wird.

5. *Kritik und Ausblick:* Die Umweltethik untersucht, ob die Natur — abgesehen von tierischen Individuen, denen Rechte zugesprochen werden können — intrinsischen oder nur instrumentellen Wert hat und ob wir Pflichten gegenüber der Artenvielfalt bzw. gegenüber Arten oder nur in Ansehung und eigentlich gegenüber dem Menschen (und möglicherweise auch bestimmten Tieren gegenüber) haben. Die Wirtschaftsethik erforscht den moralisch adäquaten Umgang der Wirtschaft mit der Artenvielfalt. Wenn insgesamt der Mensch als Bedrohung für die Natur erkannt wird, ist nach den Konsequenzen für unser Dasein und unsere Lebensweise zu fragen.
(Oliver Bendel)

Audio-Chat

1. *Allgemein:* Audio-Chats oder Audio Chats sind Audioplattformen für Live-Events und -Diskussionen bzw. finden auf solchen Audioplattformen statt. Man spricht auch von Social Audio. Ab 2020 wurde Clubhouse bekannt, nach der Sprechweise des amerikanischen Anbieters ein „drop-in audio chat". Die App für Smartphones von Apple kann nur auf Einladung genutzt werden. Journalisten, Politiker und Influencer trugen ab Anfang 2021 wesentlich zur Verbreitung im deutschsprachigen Raum bei, dies trotz allgemein vorgetragener rechtlicher Bedenken.

2. *Entwicklung:* Audioplattformen haben bald nach dem Durchbruch des WWW großen Zuspruch gefunden. Am Anfang war dieser vor allem mit dem Download von Musik verknüpft. Ab 2015 fand

ein regelrechter Boom der eigentlich schon lange bekannten Podcasts statt, was mit einem veränderten Konsumverhalten und Lebensstil zu tun haben mag, insbesondere mit der Abkehr vom Textuellen und Visuellen. Während der COVID-19-Pandemie erhielten Videokonferenzen, in denen Audiofunktionen eine zentrale Rolle spielen, einen erneuten Schub. Dann wurden Audio-Chats in bestimmten Kreisen populär.

3. *Kritik und Ausblick:* Audio-Chats wie Clubhouse wird Exklusivität vorgeworfen. Problematisch ist aber vor allem, dass Daten aus den Kontaktlisten der Benutzer weitergeleitet und verwertet werden, selbst von solchen Personen, die mit der App nichts zu tun haben. Zudem ist es möglich, die Gespräche mitzuschneiden. Eine chinesische Firma ist in das Streaming involviert, sodass die Partei Zugriff auf die Daten haben könnte. Nach Ansicht von Experten wird gegen die Datenschutz-Grundverordnung (DSGVO) verstoßen. Dies ist ein Thema von Rechts-, Medien- und Informationsethik sowie der Rechtswissenschaft. (Oliver Bendel)

Ausbildung

1. *Allgemein:* Eine Ausbildung ist eine Bildungsmaßnahme, bei der Kenntnisse und Fähigkeiten vermittelt beziehungsweise entwickelt werden und deren Abschluss zur Aufnahme einer bestimmten Tätigkeit qualifiziert. Zur Ausbildung werden neben der allgemeinen Schulbildung auch eine Berufsausbildung sowie ein Studium an einer Hochschule (Universität oder Fachhochschule) gezählt.

2. *Wirtschaft:* Es gibt zahlreiche Ausbildungsberufe, die sich auf die Wirtschaft beziehen, beispielsweise Bankkauffrau oder Handelsfachwirt. Spezielle Wirtschaftsschulen haben eine Managementausbildung im Programm. Zu den Wirtschaftswissenschaften an den Hochschulen gehören Betriebswirtschaftslehre (BWL) und Volkswirtschaftslehre (VWL). Englischsprachige Studiengänge sind International Management bzw. International Business Administration. Insbesondere an Fachhochschulen wird Betriebsökonomie angeboten.

3. *Aus- und Weiterbildung:* Die Weiterbildung ist im nachschulischen Bildungsbereich angesiedelt und wendet sich in der Regel an bereits beruflich Qualifizierte. Mögliche Formen sind Fortbildung, Umschulung und Erwachsenenbildung. Eine Weiterbildungsmaßnahme dient nicht nur dem Wissenserwerb, sondern in gleicher Weise der Erweiterung oder Auffrischung bereits erworbener Kompetenzen. Bei Lernmaßnahmen bzw. der Qualifizierung von Personen im Gesamten spricht man häufig übergreifend von Aus- und Weiterbildung.

4. *Lehrfreiheit:* Die Ausbildung an der Hochschule ist mit der Lehrfreiheit verknüpft. Diese ist das Recht der Dozierenden, die Lehre inhaltlich und methodisch (didaktisch) eigenständig auszugestalten. Zentral dabei ist die freie Wahl der Lehrmittel. Die akademische Einrichtung kann Themen setzen (beispielsweise durch ein Curriculum), darf aber nicht die Vermittlung vorschreiben, von Präsenzpflicht, Respektsbezeugung etc. abgesehen. Die Lehrfreiheit ist wie die Forschungsfreiheit eine Ausprägung der Wissenschaftsfreiheit.

5. *Kritik und Ausblick:* Lehrpläne, Auslegungen und Auswirkungen der Bologna-Reform, Engpässe beim Lehrpersonal, Standardisierungen und Prozessoptimierungen sowie Vorgaben und Zuwendungen der Wirtschaft lenken und beeinflussen die Ausbildung und auch die Wissenschaftsfreiheit. Es ist die Frage, ob Schule und Hochschule vor allem Bildung im mehrfachen Sinne ermöglichen oder auf das Arbeitsleben vorbereiten sollen. Die Wissenschaftsethik schlägt Maßnahmen für Ausgleich und Schutz vor.

(Oliver Bendel)

B

Bildung

1. *Allgemein:* Der Begriff der Bildung zielt auf die geistige, gestalterische und moralische Entwicklung, die aus Vernunft und Freiheit heraus und ohne direkte Abhängigkeit von Politik und Wirtschaft geschieht. Gemeint ist nicht nur der Vorgang, sondern auch der Zustand bzw. das Ergebnis. Das humboldtsche Bildungsideal beinhaltet die ganzheitliche Ausbildung in Wissenschaft und Kunst und die verbindliche Einheit von Forschung und Lehre, einschließlich der Wissenschaftsfreiheit.
2. *Merkmale:* Man spricht im Einzelnen von wissenschaftlicher, künstlerischer oder humanistischer Bildung. Die Allgemeinbildung wird zum gemeinsamen Fundament der Gesellschaft. Voraussetzungen der Bildung sind der Zugang zu Wissen, etwa über Fach- und Sachbücher, und der Einbezug von Wissenschaft und Kunst, beispielsweise in Einrichtungen wie Schulen und Hochschulen. Mit der Theorie der Bildung beschäftigen sich u. a. Pädagogik und Philosophie.
3. *Aus- und Weiterbildung:* Eine Ausbildung ist eine Bildungsmaßnahme, bei der Kenntnisse und Fähigkeiten vermittelt beziehungsweise entwickelt werden und deren Abschluss zur Aufnahme einer

© Der/die Autor(en), exklusiv lizenziert durch Springer Fachmedien Wiesbaden GmbH, ein Teil von Springer Nature 2022
O. Bendel et al., *110 Keywords Wirtschaftsethik*,
https://doi.org/10.1007/978-3-658-36385-7_2

bestimmten Tätigkeit qualifiziert (allgemeine Schulbildung, Berufsaus-bildung, Studium). Die Weiterbildung ist im nachschulischen Bildungs-bereich angesiedelt und wendet sich an bereits beruflich Qualifizierte. Bei Maßnahmen im Allgemeinen und im Gesamten ist oft übergreifend von Aus- und Weiterbildung die Rede.

4. *Bildungsbedarfsanalyse:* Die Bildungsbedarfsanalyse ist eine Methode zur Erfassung des zukünftigen Bildungs- und Qualifizierungsbedarfs einer Organisation. Dabei wird untersucht, welche Anforderungen sich aus der mittel- und langfristigen Strategie ergeben und welche Qualifikationen und Kompetenzen die Mitarbeiter haben müssen, um ihre Aufgaben zu erfüllen. Erst durch die systematische Ermittlung des Bildungsbedarfs lassen sich konkrete Personalentwicklungs- und Bildungsmaßnahmen ableiten.

5. *Bildungsmanagement:* Bildungsmanagement (Educational Management) ist in allen Organisationen relevant, in denen Bildungs-maßnahmen geplant, durchgeführt und evaluiert werden. Im Kern geht es darum, wie die Kompetenzen von Mitarbeiterinnen und Mit-arbeitern mit den Strategien und Strukturen sowie der Kultur der Ein-richtung oder des Unternehmens in Einklang gebracht und welche Formen der Aus- und Weiterbildung lanciert werden.

6. *Bildungsserver:* Bildungsserver sind redaktionell betreute Portale, die im Internet verfügbare Ressourcen wie Lernmaterialien sowie Projekt-beschreibungen, Gesetzestexte, Adressen von Einrichtungen und Ansprechpartnern oder Veranstaltungstermine rund um Bildungs-themen zusammenführen und allgemein zugänglich machen. Initiator oder Träger ist häufig der Staat. Spezialisierungen gibt es nach Bildungs-formen und Zielgruppen oder in geografischer Hinsicht.

7. *Kritik und Ausblick:* Mehr und mehr wird Bildung, entgegen der ursprünglichen Idee, fragmentiert und instrumentalisiert, wird ein willkürlicher Bildungskanon geschaffen und geraten Aus- und Weiter-bildung in Abhängigkeit. Bildungsbedarfsanalyse, -management und -server können einerseits als wichtige Ansätze und Mittel begriffen werden, andererseits aber auch einer reinen Nutzen- und Zweck-orientierung zuarbeiten. Die Ethik mag Umdeutung und Umwertung der Bildung kritisch begleiten.

(Oliver Bendel)

Biohacking

1. *Allgemein:* Biohacking ist der biologische, chemische oder technische Eingriff in Organismen mit dem Ziel der Veränderung und Verbesserung. Es ist von den Wurzeln her eine Do-it-yourself-Bewegung. Letztlich geht es darum, neuartige Systeme zu erzeugen, die sich in ihrer belebten und unbelebten Umwelt behaupten. Ein Teilbereich ist das Bodyhacking, bei dem man in den tierischen oder menschlichen Körper eindringt, oft im Sinne des Animal bzw. Human Enhancement und zuweilen mit der Ideologie des Transhumanismus. In vielen Fällen resultiert daraus der pflanzliche, tierische oder menschliche Cyborg.

2. *Beispiele:* Straßenbäume, die in der Dunkelheit leuchten, weil sie genetisch verändert wurden, und so als Straßenlaternen dienen können, Topfpflanzen, die künstliche, ausfahrbare Fächer haben, um sich vor der Hitze zu schützen und Kondenswasser zu sammeln, Süßwasserfische, die Energie aus Sonnenlicht gewinnen, all das sind Visionen für Biohacking. Personen, die sich Chips und Magneten implantiert haben, um Türen zu öffnen, Geräte zu steuern, Rechnungen zu bezahlen oder Metall aufzuspüren, oder die mithilfe von technischen Erweiterungen Farben hören sowie Gerüche wahrnehmen, zu denen keine Entsprechungen in der Luft vorhanden sind, sind Beispiele für Bodyhacking. Bei Menschen spielt die Ermöglichung oder Erweiterung sinnlicher Erfahrungen eine Rolle, bei Pflanzen und Tieren die Ersetzung bisheriger Abläufe und Bestimmungen.

3. *Kritik und Ausblick:* Biohacking erlaubt Experimente, die für die Wissenschaft von Bedeutung sind, selbst wenn sie nicht in ihrem Rahmen durchgeführt werden. Es ist auch für die Gesellschaft von Belang, wenn Ergebnisse nützlich erscheinen und sich verbreiten. Nicht zuletzt kann man Biohacking als Kunstform betrachten. Das Bodyhacking kann man aus Sicht der Ethik als Versuch einstufen, das eigene Leben und Erleben zu gestalten und zu verbessern. Problematisch wird es, sobald gesellschaftlicher, politischer oder wirtschaftlicher Druck entsteht, etwa wenn das Tragen eines Chips zur Norm wird, der sich kaum jemand entziehen kann, und Privatsphäre und informationelle Autonomie beeinträchtigt sind, was ein Thema

der Informationsethik ist. Auch gesundheitliche Folgen mögen auftreten. Insofern bergen Bio- und Bodyhacking bei aller Faszination gewisse Risiken. Eine eigenständige oder erweiterte Hackerethik könnte Chancen und Risiken sichtbar machen.
(Oliver Bendel)

Black Friday

1. *Allgemein:* Der Black Friday ist eine Rabattaktion des Einzelhandels, die am Freitag nach Thanksgiving bzw. während des ganzen Wochenendes stattfindet. Es ist unklar, woher der Begriff stammt – vielleicht von den schwarzen Zahlen, die die Händler zu dieser Zeit im Prinzip schreiben können.
2. *Hintergrund und Geschichte:* In den USA ist der Black Friday seit den 1960er-Jahren eine wirtschaftliche Größe. Nach Deutschland kam er 2013, in die Schweiz bereits 2007, wobei hier wie dort der Onlinehandel besondere Akzente setzt. Er ist wie Halloween eine von mehreren Importen aus anderen Ländern und Kulturen, um die hiesige Wirtschaft anzukurbeln.
3. *Kritik und Ausblick:* Greta Thunberg (Fridays for Future) verwendete 2020 mit Blick auf den Black Friday den Begriff des Überkonsums. Sie riet dazu, kein „Zeug" zu kaufen, das man nicht braucht. Die Wirtschaftsethik untersucht das Verhältnis zwischen Konsum und Überkonsum und kritisiert die künstlich erzeugte Nachfrage und den damit verbundenen Ressourcenverbrauch.
(Oliver Bendel)

Bodyhacking

1. *Allgemein:* Beim Bodyhacking greift man invasiv oder nichtinvasiv in den tierischen oder menschlichen Körper ein, oft im Sinne des Animal bzw. Human Enhancement und zuweilen mit der Ideologie des Transhumanismus. Es geht um die physische und psychische Umwandlung, und es kann daraus der tierische oder menschliche Cyborg resultieren.

Bodyhacking ist eine Sonderform von Biohacking. Ein weiterer Begriff in diesem Zusammenhang ist „Human Augmentation".

2. *Beispiele:* Personen, die sich Near-Field-Communication-Chips (NFC-Chips) implantiert haben, um Türen zu öffnen, Rechnungen zu bezahlen und Geräte zu steuern, oder Magneten, um Metall aufzuspüren, sind Beispiele für Bodyhacking. Andere „hören" mittels technischer Erweiterungen Farben und nehmen mithilfe von elektrischer Stimulation Gerüche wahr. Bei Menschen spielt die Ermöglichung oder Erweiterung sinnlicher Erfahrungen eine Rolle, bei Tieren die Ersetzung bisheriger Bestimmungen.

3. *Kritik und Ausblick:* Das Bodyhacking kann man aus der Perspektive von Bio-, Medizin-, Technik- und Informationsethik als Versuch sehen, das eigene oder fremde Leben und Erleben zu gestalten und zu verbessern. Problematisch wird es, sobald gesellschaftlicher, politischer oder wirtschaftlicher Druck entsteht, etwa wenn das Tragen eines Chips zur Speicherung von Daten und zur Identifizierung zur Norm wird, der sich kaum jemand entziehen kann (was von Informations-, Politik- und Wirtschaftsethik thematisiert werden mag). Auch gesundheitliche Folgen können auftreten. Insofern birgt Bodyhacking bei aller Faszination gewisse Risiken.

(Oliver Bendel)

Business Case

Unter einem Business Case wird eine Handlung bzw. Investition mit einem positiven Kosten-/Nutzenverhältnis verstanden. Aus instrumenteller Perspektive ist die Existenz eines Business Case eine Voraussetzung für verantwortliches Verhalten im Wettbewerb. Kosten und Nutzen sind in einem weiten Sinne zu verstehen und umfassen unter anderem auch Folgewirkungen in Bezug auf Faktoren wie Arbeitgeberattraktivität, Mitarbeitermotivation oder Reputation.

(Nick Lin-Hi, Andreas Suchanek)

C

Cancel Culture

1. *Allgemein:* Der Begriff der Cancel Culture (von engl. „to cancel", „etwas absagen", „etwas fallenlassen", „etwas streichen") bezeichnet das behauptete verbreitete Phänomen, dass missliebigen, mehr oder weniger bekannten, lebenden oder nicht mehr lebenden Personen (etwa aus Wissenschaft, Kunst und Politik) die Unterstützung entzogen oder der Kampf angesagt wird, mit dem Ziel, ihre Reputation zu beschädigen, ihre Berufsausübung bzw. die Rezeption ihres Werks zu verhindern oder ihre Präsenz in den Massenmedien und sozialen Medien zu vermindern. Auch Organisationen können im Prinzip betroffen und in ihrem Erfolg oder ihrer Existenz gefährdet sein. Diejenigen, die diese Cancel Culture angeblich vorantreiben, wickeln einzelne Angriffe (die tatsächlich stattfinden) vor allem über die sozialen Medien ab, etwa mithilfe eines Shitstorms, diejenigen, die davon betroffen sind und denen z. B. Antisemitismus, Rassismus oder Sexismus vorgeworfen wird, benutzen wie ihre Verteidiger den Begriff, um gegen die scheinbare Unkultur zu protestieren.

© Der/die Autor(en), exklusiv lizenziert durch Springer Fachmedien Wiesbaden GmbH, ein Teil von Springer Nature 2022
O. Bendel et al., *110 Keywords Wirtschaftsethik,*
https://doi.org/10.1007/978-3-658-36385-7_3

2. *Hintergrund:* Es ist unklar, ob es eine Cancel Culture gibt, und wenn, ob sie wirklich eine allgemeine Erscheinung darstellt. Nach Meinung ihrer Kritiker ist sie eine Fortführung der Political Correctness, der strikten und peniblen Einhaltung und Einforderung von gesellschaftlichen und sprachlichen Normen, vor allem in Bezug auf vorgeblich oder tatsächlich benachteiligte Gruppen. Nach Meinung ihrer Träger, die gar keine sind oder sein wollen, handelt es sich um ein Hirngespinst bzw. einen Kampfbegriff, um Aufklärung und Herstellung von Gerechtigkeit zu verhindern. In Verbindung steht sie mit der Wokeness, der Bewegung der Wachheit und Wachsamkeit, die aufmerksam das Geschehen in der Welt verfolgt und Antisemitismus, Rassismus, Sexismus, Umweltzerstörung, Massentierhaltung und andere Übel daraus entfernen will. Eine Rolle spielt nicht zuletzt die Identitätspolitik, mit deren Hilfe sich diskriminierte Gruppen, etwa Homosexuelle oder People of Color (PoC), wehren und befreien. Manche vermuten den Ursprung der Cancel Culture in der linken Szene, die allerdings durchaus heterogen ist und sowohl viele progressive als auch einige reaktionäre Elemente – die eigentlich als der Feind betrachtet werden – beinhaltet.

3. *Kritik und Ausblick:* Ein Problem der einzelnen Angriffe ist, dass sie sich nicht nur gegen Meinungen und Haltungen, sondern vor allem gegen Personen richten (häufig gegen offensichtlich Rechtsgerichtete, vermeintlich Übergriffige oder das Feindbild des alten, weißen Mannes). Das entspricht freilich ganz der Logik, dass man mit den Personen die Positionen zurückzudrängen vermag. Die Angreifer können häufig berechtigte Interessen und Anliegen geltend machen und sich als Aktivisten sehen, die gegen schädliche Aktivitäten und Positionen kämpfen. Die Angegriffenen werden oftmals zurecht getadelt, zuweilen aber ungerecht behandelt. Die Ethik untersucht den Moralismus, der in der Woke-Bewegung verankert ist, und die Verhältnismäßigkeit der Mittel und Folgen, zudem das Paradoxon, dass die eine diskriminierende Haltung zurückweisende Rede vom alten, weißen Mann selbst diskriminierenden Charakter hat. Medien- und Informationsethik interessieren sich für die Aspekte der Political Correctness und der Cancel Culture, die die sozialen Medien betreffen, Politik- und Wirtschaftsethik für die politischen und wirtschaftlichen Implikationen. Die Kunstethik, die sich als Disziplin

nie richtig etablieren konnte, hinterfragt die moralische Beurteilung der Produktion von Werken, der Werke an sich sowie der Urheber von Werken, allenfalls unter Berücksichtigung des Zeitgeistes.
(Oliver Bendel)

Chimäre

1. *Allgemein:* Chimären im biologischen und medizinischen Sinne sind Organismen, die aus Zellen bzw. Geweben unterschiedlicher Individuen bestehen und dennoch geschlossene und längerfristig lebensfähige (nicht unbedingt fortpflanzungsfähige) Lebewesen bilden. Sie können innerhalb einer Art oder zwischen Arten angesiedelt und sowohl Pflanzen als auch Tiere sein. Es gibt natürliche (Blutchimären bei Säugetieren) und künstliche Mischwesen (Veredelung bei Pflanzen, Tier-Mensch-Embryonen).
2. *Hintergrund und Entwicklung:* In der griechischen Mythologie tauchen mehrere Mischwesen auf, von der Sphinx über den Zentauren bis hin zum Minotaurus. Chimära selbst, die Namensgeberin, ist Löwin, Ziege und Schlange oder Drache zugleich. Gentechnik und Biomedizin sind in der Lage, Tier-Mensch-Chimären und damit z. B. menschliche Organe außerhalb des menschlichen Körpers zu schaffen. Die Organempfänger werden wiederum – wie bei klassischer Transplantation – zu Chimären. Biohacking kann ebenfalls auf Chimären zielen, sogar auf die Kombination von Pflanze und Tier.
3. *Kritik und Ausblick:* Die Züchtung von Tier-Mensch-Embryonen ist in mehreren Ländern erlaubt. Die Begriffe „Organspende" und „Organhandel" erhalten eine weitere Bedeutung. Wenn Tiere dazu dienen, menschliche Organe heranwachsen zu lassen, werden sie – wie bereits in der Viehwirtschaft – ausgebeutet und im wörtlichen Sinne ausgeschlachtet. Dies ist ein Gegenstand der Tierethik und ein Kritikpunkt im Tierschutz. Aus Medizin- und Bioethik heraus lassen sich den tierischen Interessen menschliche gegenüberstellen. Allerdings ist die Frage, ob damit Leiden und Tod von hoch entwickelten Lebewesen zu rechtfertigen sind.
(Oliver Bendel)

Code of Conduct

Eine Sammlung von Richtlinien und/oder Regelungen, welche sich Unternehmen im Rahmen einer freiwilligen Selbstbindung selbst auferlegen. Die formulierten Verhaltensanweisungen dienen als (grundlegende) Handlungsorientierung für Mitarbeiter, um erwünschtes Verhalten zu kanalisieren bzw. unerwünschte Handlungen zu vermeiden. Thematisch kann das Regelwerk sehr breit sein und von Korruption über den Umgang mit Kunden bis hin zu Arbeitszeitregelungen reichen und auch die Detaillierungstiefe kann höchst unterschiedlich sein. Oftmals Bestandteil von CSR-Strategien.
(Nick Lin-Hi, Andreas Suchanek)

Corporate Citizenship

Bezeichnet das gesellschaftliche Engagement von Unternehmen, um sich als „gute Bürger" zu präsentieren. Typische Formen des Engagements sind Spenden- und Sponsoringmaßnahmen, Pro-bono-Aktivitäten, die Einrichtung von Stiftungen oder die Freistellung von Mitarbeitern für gemeinnützige Zwecke (Corporate Volunteering). In der Praxis ist eine zunehmende Professionalisierung von Corporate Citizenship festzustellen, in dessen Rahmen auch eine Passgenauigkeit zwischen dem gesellschaftlichen Engagement und dem jeweiligen Unternehmen angestrebt wird.
Die Grenzen zwischen Corporate Citizenship und Marketing sind fließend. In der Vergangenheit wurden Corporate Citizenship und Corporate Social Responsibility oftmals gleichgesetzt; eine solche Gleichsetzung gilt heute als problematisch und als Einfallstor für Greenwashing.
(Andreas Suchanek, Nick Lin-Hi)

Corporate Social Responsibility

1. *Begriff: Abk. CSR,* ist heute ein Schlüsselbegriff der Unternehmens-ethik, welcher die Frage nach der gesellschaftlichen Verantwortung von Unternehmen aufspannt. Da CSR in Wissenschaft und Praxis sehr unterschiedlich interpretiert wird, handelt es sich hierbei nicht um ein klares Managementkonzept, sondern um eine Leitidee, die unter-nehmensspezifisch zu konkretisieren ist.

2. *Inhalte:* CSR basiert auf der Idee, dass Unternehmen positive Effekte für Gesellschaft und Stakeholder maximieren und negative minimieren. Einen wichtigen Orientierungspunkt für die Ausgestaltung von CSR bildet das Leitbild der Nachhaltigkeit. Entsprechend hat CSR eine öko-logische, ökonomische und soziale Dimension, wobei diese idealer-weise gleichzeitig zwecks Schaffung von positiven Wechselwirkungen berücksichtigt werden. In den letzten Jahren hat sich zudem die Sicht-weise durchgesetzt, dass CSR sich auch auf Lieferketten bezieht. Hier konkretisiert sich CSR darin, dass Unternehmen auf die Sicherstellung von grundlegenden Arbeits-, Sozial- und Umweltstandards bei ihren Lieferanten hinwirken.

In vielen CSR-Definitionen wird die Freiwilligkeit als Merkmal von CSR angeführt, infolgedessen die gesellschaftliche Verantwortung von Unternehmen in Aktivitäten und Maßnahmen verortet wird, die über gesetzliche Anforderungen hinausgehen. Die freiwillige Über-nahme von gesellschaftlicher Verantwortung kann dabei sowohl inner-halb als auch außerhalb der eigenen Geschäftstätigkeit erfolgen. Die starke Assoziation von Freiwilligkeit mit CSR ist allerdings nicht unproblematisch, da hierdurch ausgeblendet wird, dass auch die Ein-haltung von Gesetzen sowie allgemein anerkannten sozialen Normen klar in den Verantwortungsbereich von Unternehmen fällt. Wiederholt aufgedeckte Fälle von Diskriminierung, Menschenrechtsverletzungen, Preisabsprachen, Steuerhinterziehung, Umweltverschmutzungen etc. zeigen dabei, dass gesetzes- und normkonformes Verhalten nicht selbst-verständlich ist.

3. *Unternehmerische Relevanz:* CSR ist heute ein De-facto-Standard in der unternehmerischen Praxis. Zum einen wird von Unternehmen erwartet, dass sie gesellschaftliche Verantwortung übernehmen. Unternehmen, die dieser Erwartungen nicht gerecht werden können oder wollen, müssen damit rechnen, langfristig ihre Kooperationsfähigkeit zu verlieren. Zum anderen gibt es zunehmend gesetzliche Vorgaben wie beispielsweise eine CSR-Berichtspflicht für bestimmte Unternehmen, welche mehr Verbindlichkeit in der Praxis bewirken.

Viele Studien weisen nach, dass CSR für Unternehmen langfristig vorteilhaft ist. Auf der einen Seite ist es zwar schwierig, einen direkten und allgemein gültigen Zusammenhang zwischen CSR und finanziellem Erfolg herzustellen. Auf der anderen Seite ist es aber möglich, mittels Kausalketten den Nutzen von CSR greifbar zu machen. Neben finanziellen Einsparungen durch Ressourceneffizienz ist hier insbesondere die Verbesserung von Beziehungen zu Kunden, Mitarbeitern und weiteren Stakeholdern zu nennen. Die positiven Effekte von CSR für Stakeholderbeziehungen sind insbesondere daran geknüpft, dass Unternehmen als verantwortlich wahrgenommen werden. Die wahrgenommene Verantwortlichkeit von Unternehmen wird auch als „perceived CSR" (pCSR) bezeichnet. Hierbei handelt es sich um ein subjektives Konstrukt, welches sich im Zuge von Wahrnehmungs- und Interpretationsprozessen formiert.
(Nick Lin-Hi)

D

Deutscher Ethikrat

1. *Allgemein:* Der Deutsche Ethikrat widmet sich als nationale Ethikkommission unter anderem moralischen, gesellschaftlichen, medizinischen und rechtlichen Fragen sowie nach eigenem Verständnis den voraussichtlichen Folgen für Individuum und Gesellschaft, die sich insbesondere auf dem Gebiet der Lebenswissenschaften und ihrer Anwendung auf den Menschen ergeben. Er erstattet dem Deutschen Bundestag und der Bundesregierung einmal jährlich Bericht über seine Aktivitäten und Ergebnisse und den Stand der gesellschaftlichen Debatte.

2. *Ursprung und Geschichte:* Der Nationale Ethikrat nahm 2001 seine Arbeit auf, nach einem Beschluss der Bundesregierung unter Bundeskanzler Gerhard Schröder. Er wurde 2008 wieder aufgelöst und – auf der Grundlage des Gesetzes zur Einrichtung des Deutschen Ethikrats, in Kraft getreten am 01.08.2007 – durch den Deutschen Ethikrat ersetzt, dessen konstituierende Sitzung am 11.04.2008 stattfand. Im genannten Gesetz wird u. a. auf Aufgaben, Stellung, Mitglieder und Arbeitsweise eingegangen, zudem das Verhältnis zur Öffentlichkeit festgelegt.

© Der/die Autor(en), exklusiv lizenziert durch Springer Fachmedien Wiesbaden GmbH, ein Teil von Springer Nature 2022
O. Bendel et al., *110 Keywords Wirtschaftsethik,*
https://doi.org/10.1007/978-3-658-36385-7_4

3. *Zusammensetzung und Ansatz:* Der Präsident des Deutschen Bundestags beruft die Hälfte der 26 Mitglieder auf Vorschlag des Deutschen Bundestags und der Bundesregierung. Es handelt sich teils um Wissenschaftler, unter ihnen auch professionelle Ethiker, also z. B. ausgebildete Philosophen mit entsprechenden Schwerpunkten, teils um Personen, die sich in besonderer Weise mit moralischen Fragen beschäftigen. Im Rat sollen nach dem Ethikratgesetz unterschiedliche ethische Ansätze und ein plurales Meinungsspektrum vertreten sein; dazu gehört nach Auffassung der Verantwortlichen nicht nur eine philosophische Ethik, sondern in gleicher Weise eine theonome Ethik, der – schon über die Vielzahl der berufenen Theologen – erheblicher Raum gegeben wird, was immer wieder Anlass zur Kritik ist.
(Oliver Bendel)

Digitale Ethik

1. *Allgemein:* Der Begriff der digitalen Ethik („digital ethics") ist ebenso erfolgreich wie uneindeutig. Die einen verweisen damit auf einen Teilbereich der Informationsethik, die anderen – mit dem Ziel einer Neubenennung – auf die Gesamtheit dieser Bereichsethik, womöglich unter Einbeziehung der Medienethik. Wieder andere fassen darunter ein zu konstruierendes normatives System, das für die Informationsgesellschaft oder auch speziell für die Wirtschaft (nicht nur für KI-, IT- und Internetfirmen) zu gelten habe, was mit Aussagen wie „Wir brauchen eine digitale Ethik!" verbunden wird. Nicht zuletzt kann die Moral der Informationsgesellschaft gemeint sein, wobei dann – wie es häufig im Englischen der Fall ist – die Begriffe von Ethik und Moral nicht scharf getrennt werden.
2. *Digitale Ethik und andere Bereiche der angewandten Ethik:* Die Informationsethik untersucht seit ihren Anfängen in den 1970er- und 1980er-Jahren – der Computerkritiker Joseph Weizenbaum, der sich selbst als Gesellschaftskritiker sah, legte die ersten Grundlagen – die moralischen Aspekte der Entstehung und Verwendung von Information und des Einsatzes von Informations- und Kommunikationstechnologien, Informationssystemen sowie Robotern und KI-Systemen. Eine

Datenethik kann wie eine Algorithmenethik als Teil von ihr begriffen werden, eine Roboterethik, die nicht nur eine Spezialisierung der Maschinenethik ist, als Fokussierung auf (teil-)autonome Software- und Hardwareroboter aus Sicht einer Bereichsethik. Die digitale Ethik entnimmt all diesen Disziplinen den Aspekt des Digitalen und erhebt ihn zum Primat.

3. *Hintergrund und Entwicklung:* Im Englischen ist der Begriff der digitalen Ethik durchaus anschlussfähig, wenn man an „Medical Ethics" (Medizinethik) denkt. Wenn man damit im Deutschen eine Bereichsethik bezeichnet, schert man terminologisch aus der bisherigen Reihe aus. Es handelt sich nicht mehr um ein Nominalkompositum, bei dem – in diesen Fällen jeweils mit einem Substantiv – vorne der Bereich, hinten die Disziplin angegeben wird, sondern eine Adjektiv-Substantiv-Konstruktion. Die wissenschaftliche Beschäftigung mit der Moral der Informationsgesellschaft hat immer wieder Höhen und Tiefen erlebt. Seit 2010 hat sie erhebliche Aufmerksamkeit erlangt, ohne dass deshalb die Zahl der Forschungseinrichtungen und Lehrstühle genügend erhöht wurde. Zugleich fand unter dem Namen der digitalen Ethik eine Trivialisierung und Kommerzialisierung statt, durch Laien, Verbünde, Verbände und Unternehmen.

4. *Kritik und Ausblick:* Der Begriff der digitalen Ethik erscheint verständlicher und einprägsamer als etwa „Informationsethik" oder „Algorithmenethik". Er verneigt sich vor dem „Digitalen", das in Fügungen wie „Digitalisierung" eine Erfolgsgeschichte geschrieben hat. Allerdings verwischt er die Grenzziehungen zwischen den klassischen Bereichsethiken und anderen Feldern der angewandten Ethik. Technik-, Medien- und Informationsethik sind zusammen mit der Maschinenethik (als Pendant zur Menschenethik) die Disziplinen, die für die Phänomene der Informationsgesellschaft zuständig scheinen, und sie beziehen sich mehr oder weniger klar auf einen Anwendungsbereich oder einen Ausgangspunkt (etwa das Subjekt der Moral). Ein zusätzliches, bereits angesprochenes Problem ist, dass oft nicht klar ist, ob die Disziplin insgesamt, ein Bereich von ihr oder gar ihr Gegenstand gemeint ist.

(Oliver Bendel)

Digitale Selbstverteidigung

1. *Allgemein:* Digitale Selbstverteidigung ist die Selbstverteidigung mit elektronischen oder anderen Mitteln im virtuellen oder im privaten, halböffentlichen oder öffentlichen Raum, in dem digitale Angriffe bzw. Übergriffe durch Privatpersonen, die Wirtschaft oder den Staat stattfinden. Sie hängt eng zusammen mit dem digitalen Ungehorsam und der informationellen Notwehr. Derjenige, der sich in dieser Weise verhält, kann als Aktivist oder Cyberaktivist gelten. Auch als Netzbürger kann er sich bezeichnen, wobei er die Bürgerrechte in den Vordergrund stellt.

2. *Hintergrund:* Der Begriff der digitalen Selbstverteidigung wird von Organisationen wie Digitale Gesellschaft e. V. und Digitalcourage e. V. benutzt. Sie beziehen sich vor allem auf den virtuellen Raum, den dortigen Verlust der Datenhoheit und der Privatsphäre, und schlagen Anonymisierung, Verschlüsselung oder Offenlegung des Quellcodes vor. Daneben kann man Selbstverteidigung z. B. gegen Überwachungskameras und Serviceroboter einsetzen. Man schminkt und verkleidet sich so, dass Gesichtserkennungssysteme kapitulieren (Camouflage), oder trägt spezielle Apparate, die Aufnahmen aller Art stören.

3. *Digitaler Ungehorsam:* Der digitale Ungehorsam ist eine Form des zivilen Ungehorsams und gehört zum Widerstand des Netzbürgers und der Netzbürgerin. Es geht darum, sich Überwachungsstaat, -industrie und -gesellschaft zu entziehen und informationelle Autonomie zu bewahren. Man verweigert die Abnahme von digitalen Fingerabdrücken in Luxushotels oder für Personalausweise, die Nutzung von elektronischen Kundenkarten in Supermärkten und die Herausgabe von Realnamen und Telefonnummern an Social Networks. Zudem prangert man die Zustände öffentlich an.

4. *Informationelle Notwehr:* Die informationelle Notwehr entspringt dem digitalen Ungehorsam oder stellt eine eigenständige Handlung im Affekt dar und dient der Wahrung der informationellen Autonomie und der digitalen Identität. Beispielsweise reißt man Personen, die einem entgegenkommen, die Datenbrille herunter, weil man aufgenommen werden könnte, man hält Autos an, von deren Kamera man erfasst

worden ist, und fordert zur Datenlöschung auf, oder man holt Foto-drohnen vom Himmel, ohne dabei sich oder andere zu gefährden.

5. *Kritik und Ausblick:* Die digitale Selbstverteidigung wird, zusammen mit dem digitalen Ungehorsam und der informationellen Notwehr, zur Überlebensstrategie im Informationszeitalter. Sie hilft dabei, sich freier zu fühlen und weniger erpressbar zu machen. Die Informations-ethik untersucht, begründet und hinterfragt die Haltung des Aktivisten und Cyberaktivisten sowie das Ungleichgewicht der Angreifer und Verteidiger in diesem Zusammenhang und schafft Ansatzpunkte für Rechtsethik und Rechtswissenschaft.
(Oliver Bendel)

Dilemmastrukturen

In Dilemmastrukturen führt individuell rationales Handeln aufgrund wechselseitiger Abhängigkeiten zum kollektiv schlechteren Ergebnis („Lose-Lose"). Spieltheoretisch handelt es sich um ein pareto-inferiores Nash-Gleichgewicht, allerdings werden bei dieser Betrachtung psycho-logische Aspekte, die ebenfalls in Dilemmastrukturen führen können („biases", Gewohnheiten, Emotionen u. a. m.), tendenziell vernachlässigt. Dilemmastrukturen können durch den Aufbau von Vertrauen bzw. durch geeignete institutionelle Arrangements (Regeln) über-wunden werden (z. B. Verfügungsrechte, Haftungsregeln oder Ver-träge). Allerdings ist ihre Überwindung aus gesellschaftlicher Sicht keineswegs immer erwünscht. Dort, wo Dilemmastrukturen einen Leistungswettbewerb zwischen Konkurrenten konstituieren, ist dieser aufgrund der damit verbundenen Anreizwirkungen gesellschaftlich erwünscht (Wirtschaftsethik); entsprechend gilt es hier, die Dilemma-strukturen institutionell zu erhalten. Gleiches gilt, wenn es darum geht, unerwünschte Kooperationen, z. B. im Fall von Kartellen oder krimineller Vereinigungen, zu unterbinden.
(Andreas Suchanek, Nick Lin-Hi)

Diversity

1. *Allgemein:* Mit dem Ansatz der Diversity, im Deutschen auch Diversität genannt, versucht man Vielfalt zu erkennen und zu fördern, Benachteiligung zu vermindern und Chancengleichheit zu erreichen. Er ist eng verbunden mit der Inclusion (Inklusion), der Einbeziehung von Personen. Berücksichtigt werden ethnische, politische, kulturelle, weltanschauliche, altersbezogene, sexuelle, soziale, geistige und körperliche Aspekte. Ursprünglich standen die Bekämpfung von Rassismus und die Einbindung von People of Color (PoC) in den USA im Vordergrund. Die Gleichstellung von Frauen in der westlichen Welt wurde zu einem weiteren wesentlichen Bereich, ebenso die Einstellung von Behinderten. Diversity weist Berührungspunkte mit Political Correctness, Wokeness und Identitätspolitik auf. Der Begriff der Vielfalt, der auf die Fülle und Buntheit verweist, vermag den normativen Charakter noch besser zu verdeutlichen als der englischsprachige bzw. bildungssprachliche.

2. *Hintergrund:* In Unternehmen und Hochschulen wird Diversity in Strategien und Richtlinien verankert. Stellenausschreibungen richten sich ausdrücklich an Männer wie Frauen oder weitere Geschlechter. Behinderte werden im öffentlichen Dienst bei gleicher Qualifikation bevorzugt. Gleichstellungsbeauftragte und Diversity-and-Inclusion-Abteilungen kümmern sich um die Erfüllung von Verpflichtungen und Bestimmungen und die Ahndung von Verstößen. Eine Frauenquote, wie sie in manchen Ländern gefordert oder umgesetzt wird, soll den Anteil von Frauen im Management und im Vorstand erhöhen. In Deutschland ist seit 2006 das Allgemeine Gleichbehandlungsgesetz (AGG) gültig. In § 1 wird das Ziel formuliert, „Benachteiligungen aus Gründen der Rasse oder wegen der ethnischen Herkunft, des Geschlechts, der Religion oder Weltanschauung, einer Behinderung, des Alters oder der sexuellen Identität zu verhindern oder zu beseitigen".

3. *Kritik und Ausblick:* Diversity wurde wie Inclusion nicht nur als gesellschaftliche Pflicht, sondern auch als wirtschaftliche Chance erkannt. Heterogen zusammengesetzte Teams weisen oft eine höhere

Produktivität auf und sind geeignet, festgefahrene Strukturen auf-
zubrechen und zu erneuern. Eine Frauenquote wird z. T. als neue
Diskriminierung aufgefasst. Manche plädieren stattdessen für eine
Geschlechterquote. Der Begriff der Rasse wird ebenfalls beanstandet,
da dieser bei Menschen gar keine Entsprechung hat. Die Identitätspolitik kann zur Stärkung der Identität und zur Wahrnehmung von
Diskriminierung, aber ebenso zu einer neuerlichen Kluft in der Gesellschaft beitragen. Die Ethik bringt Gleichberechtigung, -behandlung
und -stellung im Kontext von Diversity und Inclusion mit der Idee der
Gerechtigkeit in Beziehung. Politik- und Rechtsethik fragen nach der
angemessenen Berücksichtigung von Diversity im Gesetz. Die Wirtschaftsethik, speziell die Unternehmensethik, untersucht Konzepte wie
Frauenquote und Geschlechterquote im betrieblichen Zusammenhang.
(Oliver Bendel)

E

Ehrbarer Kaufmann

Beim ehrbaren Kaufmann handelt es sich um ein Leitbild für verantwortliches Handeln in der Wirtschaft. Ein ehrbarer Kaufmann zeichnet sich dadurch aus, dass Werte und Tugenden wie Ehrlichkeit, Verlässlichkeit und Integrität die Basis für das eigene Handeln darstellen. Das Leitbild des ehrbaren Kaufmanns hat in jüngster Zeit in der Praxis stark an Popularität gewonnen und steht in enger Beziehung zur gesellschaftlichen Verantwortung von Unternehmen (Corporate Social Responsibility).
(Nick Lin-Hi)

Eigeninteresse

1. *Allgemein:* Eigeninteresse wird oft mit Egoismus oder Opportunismus gleichgesetzt, ist davon indes zu unterscheiden. So dominiert in der Tradition der Ökonomik die Bedeutung des *wohlverstandenen bzw. aufgeklärten Eigeninteresses:* „Die Lehre vom wohlverstandenen Interesse

© Der/die Autor(en), exklusiv lizenziert durch Springer Fachmedien Wiesbaden GmbH, ein Teil von Springer Nature 2022
O. Bendel et al., *110 Keywords Wirtschaftsethik,*
https://doi.org/10.1007/978-3-658-36385-7_5

bewirkt keine restlose Selbstaufgabe, regt aber täglich zu kleinen Opfern an", deren Grund in ihrer (gegebenenfalls langfristigen) Nützlichkeit für einen selbst liegen (Tocqueville). Mit Mandeville und v. a. Smith wird die Idee populär, dass die Verfolgung des Eigeninteresses bei geeigneten Rahmenbedingungen das allg. Wohlergehen fördern kann. Die ethisch relevante Unterscheidung lautet danach nicht Eigeninteresse vs. Moral, sondern (Verfolgung des) Eigeninteresse(s) zugunsten vs. zulasten Dritter.

2. *Modellbildung:* In der *ökonomischen Modellbildung* ist mit der Annahme des Eigeninteresses in formaler Hinsicht (Homo oeconomicus) nur die analytische Aussage formuliert, dass Menschen das, was sie tun, unter den gegebenen Umständen auch am ehesten wollen. Für bestimmte Problemstellungen, insbesondere die Analysen der Folgen der Änderungen von Anreizbedingungen, ist dies eine sinnvolle Voraussetzung für die Aufstellung und Überprüfung von Hypothesen. Ein Verständnis der entsprechenden empirischen Zusammenhänge spielt auch in der Wirtschaftsethik eine Rolle, insofern bei empfohlenen Maßnahmen auf Kompatibilität mit dem so verstandenen Eigeninteresse zu achten ist. (Andreas Suchanek, Nick Lin-Hi)

Erdüberlastungstag

1. *Allgemein:* Am Erdüberlastungstag (Earth Overshoot Day) übertrifft die Nachfrage nach natürlichen Ressourcen deren Angebot bzw. die Kapazität der Erde zur Erneuerung solcher Ressourcen. Der Begriff stammt aus einer Kampagne des Global Footprint Network (GFN) mit Sitz in Kalifornien.

2. *Hintergrund:* Laut GFN ist der ökologische Fußabdruck das einzige Kennzahlensystem, das den Ressourcenbedarf von Individuen, Regierungen und Unternehmen mit der Kapazität der Erde zur biologischen Regeneration vergleicht. Seit 1970 rückte das Datum des Erdüberlastungstags immer weiter nach vorne. 2018 war es zum ersten Mal im Juli angelangt.

3. *Kritik und Ausblick:* Umweltschützer halten den Erdüberlastungstag für einen wichtigen Beitrag zur Sensibilisierung von Gesellschaft, Wissenschaft, Wirtschaft und Politik. Wie viele andere Aktionstage dürfte er allerdings keine unmittelbare Wirkung haben. Wirtschaftsethik und Umweltethik widmen sich Fragen des Raubbaus an der Natur.
(Oliver Bendel)

Ernährung

1. *Allgemein:* Ernährung ist die Zuführung von Nahrung. Diese kann organischer und anorganischer Art und unterschiedlich in Form und Zusammensetzung sein. Nur Lebewesen ernähren sich oder werden ernährt, Dinge und Maschinen nicht, und allein bei ihnen spricht man davon, dass sie essen und trinken. Die Ernährung dient dem Unterhalt und Aufbau des Körpers. Sie geht mit einem Grundbedürfnis einher, das sich normalerweise von selbst einstellt (Hunger und Durst). Wasser gehört nicht zu den Nahrungsmitteln (allerdings zu den Lebensmitteln), Milch dagegen schon. Eine schlechte Ernährung, etwa mit Unmengen an Fast Food, ist eine Hauptursache für Erkrankungen, eine gute Ernährung die Voraussetzung für körperliche Gesundheit und körperliches Wohlbefinden. Die Ernährungswissenschaft, angesiedelt zwischen Medizin und Biochemie, befasst sich mit den Grundlagen und Wirkungen der Ernährung.
2. *Einteilungen:* Tiere kann man nach Nahrungstypen unterscheiden (Allesfresser, Pflanzenfresser, Fleischfresser etc.). Bei Menschen ist dies problematisch. Zwar mag man konstatieren, dass Menschen Allesfresser sind, aber das bedeutet nicht, dass sie alles essen. So nehmen Vegetarier kein Fleisch und keinen Fisch zu sich, Veganer auch keine Tierprodukte wie Eier und Milch. Weiter kann man Tiere und Menschen nach dem Nahrungserwerb einteilen, unter anderem in Weidegänger, Sammler und Jäger. Mit der Landwirtschaft wurde eine Möglichkeit gefunden, Tiere und Pflanzen in systematischer und kultivierter Weise heranwachsen zu lassen, häufig unter Verwendung von Züchtungen.

Die meisten Pflanzen betreiben Fotosynthese, einige ernähren sich ähnlich wie Tiere, etwa Sonnentau und Wasserschlauch.

3. *Organisationen:* Die Welternährungsorganisation, offiziell Ernährungs- und Landwirtschaftsorganisation der Vereinten Nationen (Food and Agriculture Organization of the United Nations, FAO) genannt, kümmert sich um die optimale Herstellung und Verteilung von Nahrungsmitteln. Die Bundesanstalt für Landwirtschaft und Ernährung (BLE) ist in Deutschland für Umsetzungsfragen von Landwirtschaft und Ernährung zuständig. Das Bundesministerium für Ernährung und Landwirtschaft (BMEL) in der BRD widmet sich in acht verschiedenen Abteilungen z. B. dem gesundheitlichen Verbraucherschutz, der Produktsicherheit, der Lebensmittelsicherheit und der Tiergesundheit. Die der Landwirtschaft nachgelagerte Lebensmittel- oder Ernährungsindustrie verarbeitet Pflanzen und Tiere zusammen mit Zusatzstoffen und Bindemitteln.

4. *Kritik und Ausblick:* Eine Umwegproduktion wie die Fleischproduktion kann im 21. Jahrhundert kaum die Ernährung der Menschheit sicherstellen. Pflanzliche Nahrungsmittel haben diesbezüglich sowie mit Blick auf den Klimawandel erhebliche Vorteile, wenn nicht gerade Monokulturen vorherrschen, die Nachteile für die Böden und die Natur nach sich ziehen. Dem Bundesministerium für Ernährung und Landwirtschaft wird immer wieder vorgeworfen, den Tierschutz zu vernachlässigen und vor allem die Interessen der intensiven Landwirtschaft zu vertreten. Umwelt- und Tierethik untersuchen die moralischen Implikationen der Ernährung. So ist die Frage, ob jeder für sich über Leben und Tod von Tieren entscheiden darf (eine Argumentation, die die Rechte dieser Lebewesen nicht berücksichtigt). Die Wirtschaftsethik fragt nach der Verantwortung von Produzenten und Konsumenten, die Medizinethik nach Gesundheit und Krankheit im Zusammenhang mit Ernährung.

(Oliver Bendel)

Ethik

Moralphilosophie.

1. *Begriff:* Ethik ist die Lehre bzw. Theorie vom Handeln gemäß der Unterscheidung von Gut und Böse. Gegenstand der Ethik ist die Moral. Die griechische Ethik war empirisch und normativ zugleich. Heute wird eine *empirische, deskriptive Ethik* unterschieden von der *normativen Ethik,* die ein Sollen formuliert; dieses Sollen erhebt Anspruch auf allgemeine Verbindlichkeit. Eine dritte Richtung ist *Metaethik,* die keine inhaltlichen Aussagen trifft, sondern die Begriffe ethischer Argumentation analysiert.

2. Es lassen sich *fünf Perspektiven der Ethik auf Moral* unterscheiden:

a) Beim *Inhalt* eines Moralkodex geht es um die Frage, welche Regeln dazu zu zählen sind und welche nicht.

b) Bei der *Begründung* geht es darum, für die Allgemeinverbindlichkeit normativer Regeln „gute Gründe" zu nennen.

c) Die *Legitimation* moralischer Regeln erfolgt – zumindest in der Konsensethik – durch die Zustimmung der Betroffenen, die neben guten Gründen auch an existierenden institutionellen Strukturen sowie deren faktischer Beachtung festgemacht wird.

d) Die *Motivation* zu einem Handeln gemäß den moralischen Regeln ist von Begründung und Legitimation nochmals zu unterscheiden, obwohl in Einzelfällen durchaus „gute Gründe" oder die eigene Zustimmung als Handlungsmotive auftreten können.

e) Die Fragen nach der *Entstehung und Entwicklung* moralischer Regeln nimmt in der empirischen Ethik einen breiten Raum ein. Es lassen sich *drei Varianten* unterscheiden: Die Variante vom Typ Weber (Max-Weber-These) oder Hayek untersucht Entstehung und Entwicklung von Moral im Kontext der gesellschaftlichen, kulturellen Evolution. Ökonomische bzw. verhaltenswissenschaftliche Ansätze rekonstruieren die Entwicklung der Moral aus individuellen Kalkülen bzw. Wahrnehmungen, Gewohnheiten, Kompetenzen und anderen psychologischen Faktoren als ihr – intendiertes oder aber nicht intendiertes – Resultat; schließlich ist die rein vergleichende empirische Moralforschung zu nennen.

3. *Begründung von Normen:*

a) Hinsichtlich der *theoretischen Grundlagen* moralischer Normen lassen sich *fünf wichtige Ansätze* von Ethik unterscheiden.

(1) Die Ordnung der *Natur* enthält die Regeln auch des menschlichen Zusammenlebens (Naturalismus), wobei die „Natur" griechisch als Kosmos, frühneuzeitlich als teleologische, später als naturwissenschaftliche, heute besonders als (sozio- oder evolutions-)biologische Natur verstanden wird.

(2) In manchen Religionen wie bspw. dem Christentum werden Normen im *Willen Gottes* begründet.

(3) Marxistisch werden Normen aus den *Gesetzen der Geschichte* begründet. Diese drei Begründungen greifen auf Grundlagen zurück, die vom menschlichen Wollen unbeeinflussbar sind.

(4) Die Diskursethik greift auf die dem menschlichen Argumentieren immanenten, *notwendigen Unterstellungen* zurück, die normativen Charakter haben. Diese Begründung geht auf eine vom menschlichen Wollen unabhängige Instanz zurück.

(5) Am weitesten verbreitet ist heute die Begründung von Normen im *menschlichen Wollen* in zwei maßgeblichen Varianten: Einer Begründung im Nutzen – Utilitarismus – und im Konsens – Konsensethik. Hier unterliegen Normen – qua kollektive Selbstbindungen – dem menschlichen Wollen.

b) Gemäß dem *Kognitivismus* werden Normen in einem der Wahrheitsfindung analogen und durch Vernunft gesteuerten Verfahren erkannt. Demgegenüber verneint der *Non-Kognitivismus* eine solche Möglichkeit und gründet Normen auf Interessen (Wollen: Dezisionismus) oder dem Gefühl (Wohlwollen; Nichtschädigung).

c) Ethik kann entweder alle Handlungen wegen der Ziele oder Folgen – *teleologische* oder *konsequentialistische* Ethik – als gut oder böse bzw. richtig oder falsch beurteilen oder aber einige besonders wichtige Handlungen herausheben, die als solche, also ohne Rücksicht auf die Folgen, unbedingt gelten – *deontologische Ethik.*

d) Damit verwandt, aber nicht identisch, ist die Unterscheidung von Weber zwischen der keine Kompromisse duldenden *Gesinnungsethik* – Handlungen sind gut (allein) aufgrund der Gesinnung – und der *Verantwortungsethik* – die Beurteilung hat die durchschnittlichen voraussehbaren Folgen des Handelns den jeweils Handelnden zuzurechnen, soweit diese sie hinreichend beeinflussen konnten.

4. *Inhalt von Ethik:* Die Inhalte der Ethik waren in der Antike und im Mittelalter durch in das alltägliche Leben eingelassene Normen, Sitten und Gebräuche gegeben; sie wurden später in Katalogen von Tugenden und Pflichten und einer ausgebauten Kasuistik konkretisiert. Im Zuge der neuzeitlichen Modernisierungsprozesse lösen sich diese Traditionen allmählich auf. Moderne Ethik seit I. Kant versteht sich daher zunehmend als *Prinzipienethik* und neuerdings als *Verfahrensethik:* Sie legt allgemeine Prinzipien fest, z. B. den kategorischen Imperativ Kants oder den Imperativ des Schutzes des Lebens bei H. Jonas, die dann – in einem bestimmten ethischen Verfahren – auf die konkreten Entscheidungstatbestände angewandt werden.

5. *Neuere Entwicklungen:* Besonders seit Kant hat sich die Diskussion auf Fragen der *Begründung* moralischer Normen konzentriert. In neuerer Zeit wird der Frage der *Implementation* von Moral verstärkt Aufmerksamkeit gewidmet. Das Grundproblem besteht darin, dass kein Moralsystem auf Dauer Bestand haben kann, das vom Normadressaten fordert, systematisch gegen seine eigenen Interessen zu handeln bzw. unter Bedingungen zu handeln, die die intendierten Folgen der moralischen Handlung nicht zustande kommen lassen. In diesem Zusammenhang gewinnt die Unterscheidung von *Individualethik* und *Institutionenethik* an Bedeutung. Während sich die Individualethik an den Einzelnen wendet, geht es bei der Institutionenethik darum, die Regeln politisch – auch unternehmenspolitisch – so zu gestalten, dass individuelles moralisches Handeln möglich wird.
(Andreas Suchanek, Nick Lin-Hi)

Ethikkommission

1. *Allgemein:* Eine Ethikkommission beurteilt Forschungsvorhaben und Entwicklungsprojekte aus moralischer (teilweise auch ethischer), rechtlicher und gesellschaftlicher Sicht. Sie ist in einer Organisation (vor allem in größeren Unternehmen) angesiedelt oder berät – ähnlich wie die Einrichtungen für Technologiefolgenabschätzung – die Politik.

Häufig geht es um die Forschung an Lebewesen, an Menschen, Tieren und Pflanzen.

2. *Ziele:* Ethikkommissionen sollen vor Imageschäden bewahren und vor Gefahren und Risiken für Leib und Leben sowie für die Umwelt warnen. Sie orientieren sich und arbeiten an ethischen Leitlinien. Der Deutsche Ethikrat widmet sich als nationale Ethikkommission den voraussichtlichen Folgen für Individuum und Gesellschaft, die sich insbes. auf dem Gebiet der Lebenswissenschaften und ihrer Anwendung auf den Menschen ergeben.

3. *Kritik und Ausblick:* Anders als der Name suggeriert, sind in Ethikkommissionen die Ethiker meist in der Minderheit. Mitglieder sind mehrheitlich Naturwissenschaftler, Rechtswissenschaftler, Mediziner und Theologen. Damit kann kaum eine professionelle Ethik praktiziert, sondern allenfalls eine gewünschte Moral propagiert werden. Der Einfluss von nationalen Ethikkommissionen wird durch rechtliche Rahmenbedingungen auf europäischer bzw. internationaler Ebene beschränkt.

(Oliver Bendel)

Externe Effekte

Externe Effekte sind positive oder negative, in der Regel nichtintendierte Nebenwirkungen von Handlungen. In der Wirtschaftspolitik geht es oft darum, positive externe Effekte zu verstärken, beispielsweise durch Multiplikatoreffekte bei Ansiedlungen größerer Unternehmen (Arbeitsplätze, Einkommen), und negative externe Effekte zu vermeiden oder zu internalisieren durch geeignete institutionelle Strukturen, d. h. rechtliche Regelungen oder soziale Normen.

(Andreas Suchanek)

F

Fair Trade

Fairer Handel.

1. *Begriff:* Transportiert die Idee einer solidarischen Partnerschaft mit Erzeugern in Schwellen- und Entwicklungsländern.

2. *Charakteristika:* Charakteristisch für typische Fair-Trade-Produkte sind:

a) ein Minimalpreis, der es Produzenten erlauben soll, ihre Lebenshaltungskosten zu decken;

b) ein Preispremium, das auf den Minimalpreis aufgeschlagen wird und insbesondere in gemeinschaftliche Infrastrukturmaßnahmen fließt;

c) ein direkter Handel, welcher der Reduzierung von Handelsintermediären dient, um die Effizienz zu steigern;

d) eine langfristige Partnerschaft zur Ermöglichung von Planungssicherheit;

e) Finanzierungsmöglichkeiten zur Vorfinanzierung von Produkterzeugnissen;

f) die Bereitstellung von Informationen zur Verbesserung der Verhandlungsposition der Erzeuger;

g) eine demokratische Organisation von Kleinbauern;

© Der/die Autor(en), exklusiv lizenziert durch Springer Fachmedien Wiesbaden GmbH, ein Teil von Springer Nature 2022
O. Bendel et al., *110 Keywords Wirtschaftsethik,*
https://doi.org/10.1007/978-3-658-36385-7_6

h) Arbeitsbedingungen gemäß ILO-Standards.

Die aufgeführten Merkmale sind nicht als kumulativ oder abschließend zu verstehen, sondern stellen den generellen Möglichkeitsrahmen dar. Die konkreten zur Anwendung kommenden Standards bzw. Merkmale sind dabei sowohl von den jeweiligen Produkten abhängig als auch von den Anbietern bzw. beteiligten Institutionen (insbesondere Siegelinitiativen).

3. *Aktuelle Entwicklungen:* Auch wenn der derzeitige Anteil von Fair-Trade-Produkten am Gesamtmarkt gering ist, erfährt dieses Segment zunehmend Beachtung. Im Nahrungsmittelsektor gehören Fair-Trade-Produkte zu den wachstumsstärksten Marktsegmenten in Europa und den USA. Bei einzelnen Produkten, etwa Bananen oder Kaffee, sind die Marktanteile bereits heute in einigen Ländern als signifikant zu bezeichnen.

4. *Kritik:* Der Begriff „fair trade" ist nicht gesetzlich geschützt, weshalb höchst unterschiedliche Interpretationen und Ausgestaltungsmöglichkeiten existieren; auch eröffnet dies Missbrauchsmöglichkeiten.

(Nick Lin-Hi)

Freiheit

1. *Begriff:* Freiheit bezeichnet die Fähigkeit des Menschen, aus eigenem Willen Entscheidungen zu treffen und nach Maßgabe des Könnens umsetzen zu können. Man unterscheidet in der praktischen Philosophie zwischen der *negativen Freiheit,* der Freiheit *von* etwas, und der *positiven Freiheit,* der Freiheit *zu* etwas: Die erstere steht im Mittelpunkt des klassischen Liberalismus und kennzeichnet sich durch die Abwesenheit von äußeren Zwängen, während letztere in den Begriff des Vermögens bzw. der (Handlungs-)Macht übergeht, d. h. die Freiheit faktisch durch den einzelnen auch zu bestimmten Handlungen genutzt werden kann, was entsprechende Bedingungen (Fähigkeiten, Ressourcen, Institutionen etc.) voraussetzt.

Gesellschaftlich relevant sind insbesondere *politische* Freiheiten als Bündel politischer Mitbestimmungsrechte, z. B. Meinungs- oder Versammlungsfreiheit, aktives und passives Wahlrecht usw. sowie *wirtschaftliche* Freiheiten, insbesondere das Recht auf Privateigentum.

2. *Bedeutung:* Freiheit gehört zu den Grundbegriffen der Ethik. Nur unter Voraussetzung von Freiheit kann es gutes und böses Handeln, moralische Verdienste, Schuld und Verantwortung geben.

3. Weiterhin lassen sich zwei Perspektiven zum Verhältnis individueller Freiheit und Gesellschaft unterscheiden:

a) *Individuelle Freiheit als Voraussetzung gesellschaftlicher Prozesse:* Dieses erst in der Folge der Reformation aufkommende Verständnis von Freiheit lässt sich auf Locke zurückführen. Es schreibt dem Menschen als Menschen vorgesellschaftliche Freiheitsrechte zu, die vor dem Eingriff der anderen zu schützen sind.

Die Mitmenschen, die Gesellschaft und der Staat kommen paradigmatisch als Bedrohung der individuellen Freiheit ins Spiel. Das „Eigentum" im weiteren Sinne spielt eine zentrale Rolle: Externe unerwünschte Eingriffe in individuelle Verfügungsrechte (Property Rights) werden tendenziell als Verletzung der individuellen Freiheit interpretiert. Im internationalen Kontext werden Grundrechte, d. h. Menschenrechte, in der Regel in dieser Form aufgefasst.

b) *Individuelle Freiheit als Resultat gesellschaftlicher Prozesse:* Das zweite Paradigma macht geltend, dass individuelle Freiheit nur im Gesellschaftszustand Realität gewinnt. Im vorgesellschaftlichen Zustand ist das Leben für Hobbes „solitary, poor, nasty, brutish and short", es ist ein „Krieg aller gegen alle". Individuelle Freiheit wird erst durch die Etablierung von Verfassung, Recht etc., also durch kollektives Handeln, hervorgebracht und entwickelt. Auch wenn Hobbes in eine totalitäre Lösung, den Leviathan als allmächtigen Herrscher, abgleitet, ist sein Ansatz konzeptionell liberal, ohne dass er starke naturrechtliche Behauptungen in Anspruch nehmen müsste. Hobbes' Argumentation folgend hat der Nobelpreisträger James Buchanan die Entwicklung der individuellen Freiheit, ja sogar die Definition des „Individuums", rekonstruiert als aus kollektivem Handeln hervorgehend. Gleichwohl wird die individuelle Freiheit zum Zentralpunkt der Theorie: Sie ist nicht Voraussetzung, sondern letztes Ziel des Gesellschaftsprozesses. Die Mitmenschen erscheinen jetzt als Ermöglichung größerer individueller Freiheit. Zugleich wird wechselseitige Verlässlichkeit – institutionell gestütztes Vertrauen – zur Grundlage gesellschaftlicher Kooperation.

4. *Zwei komplementäre Perspektiven von Freiheit:* Obwohl diese Konzeptionen von individueller Freiheit in der Vergangenheit und zum Teil auch noch heute als konkurrierend oder gar als unvereinbar verstanden wurden und werden, muss man dies nicht so sehen. Fruchtbarer für die Theoriebildung und die durch Theorie informierten politischen (Reform-)Prozesse ist es, die vermeintlichen Gegensätze methodologisch auf verschiedene Problemstellungen zu beziehen.

a) Das *Paradigma der vorgesellschaftlichen* Freiheit ist als Konzept plausibel, wenn die individuelle Freiheit in einer Gesellschaft grundsätzlich bereits als anerkannt und garantiert gelten kann und es – nur noch – um Fragen der konkreten Auslegung oder aber der politischen Verteidigung dieser Freiheit geht.

b) Das *Paradigma der kollektiven Entwicklung individueller* Freiheit geht von der Frage aus, wie man Freiheit in Prozessen grundlegenden gesellschaftlichen Wandels verfassungsmäßig festlegen soll, insbesondere, wenn wahrgenommene Freiheiten zu tiefgreifenden gesellschaftlichen Konflikten führen. In der neuen weltpolitischen Konstellation nach dem Ende des Kalten Krieges, die eine grundlegende Neuordnung des institutionellen Rahmens erfordert und die Verfügungsrechte neu definieren muss, geht es um die Frage, wie die neue Ordnung zu gestalten ist, sodass als Resultat ein Mehr an individueller Freiheit für alle daraus hervorgehen kann. Zugleich gilt es dabei, die Zustimmungsfähigkeit des Einzelnen „in Freiheit" mit im Blick zu behalten.

(Andreas Suchanek, Nick Lin-Hi)

Fridays for Future

1. *Allgemein:* Fridays for Future (FFF) ist eine Umweltschutzbewegung, die von Greta Thunberg ausging. Am 20. August 2018 trat die zu diesem Zeitpunkt 15-jährige Aktivistin in Schweden in den Schulstreik. Diesen setzte sie dann an Freitagen fort, um auf den Klimawandel aufmerksam zu machen. Bei sich hatte sie ein Schild mit der Aufschrift „skolstrejk för klimatet", übersetzt „Schulstreik fürs Klima". Bald zählte sie hunderttausende Verbündete auf der ganzen Welt, und es entstanden

zahlreiche Vereinigungen, wie Fridays for Future in Deutschland (FFFD), um organisiert und systematisch für den Klimaschutz eintreten zu können. „Klimajugend" wurde 2019 in der Schweiz zu einem der drei Wörter des Jahres gewählt.

2. *Merkmale:* Die Bewegung orientiert sich an Erkenntnissen der Wissenschaft, allen voran der Klimaforschung. Sie mobilisiert junge, aber auch ältere Menschen, unter ihnen wiederum Wissenschaftler, von denen manche zu Scientists for Future gehören. Andere Unterstützungsorganisationen sind Entrepreneurs for Future und Parents for Future. Einige Staatsmänner wie Donald Trump, Wladimir Putin und Jair Bolsonaro äußerten sich despektierlich über Greta Thunberg. Andere Staatsoberhäupter und Regierungschefs wie Angela Merkel bekundeten ihre Sympathie. Fridays for Future kann als Wiedererstarkung ökologischer und sozialer Bewegungen gesehen werden, wie sie in den 1970er- und 1980er-Jahren aktiv waren. Damals wurden in den Industriestaaten gewisse Erfolge erzielt, etwa die Reinigung von Gewässern und die zumindest vorübergehende Erholung von Wäldern. Insgesamt ist die Politik der Wirtschaft hörig, nicht zuletzt der Schwerindustrie und der Automobilindustrie, was dem Klimaschutz nicht unbedingt zuträglich ist.

3. *Kritik und Ausblick:* Ein Vorwurf gegenüber Greta Thunberg lautet, sie werde von Hintermännern und Interessengruppen benutzt und gelenkt. Dafür gibt es freilich keine Belege, und sie agiert offenbar sowohl eigenständig als auch überlegt. Ein Vorwurf gegenüber der Bewegung ist, dass sie sich auf den Flug- und Autoverkehr fokussiert, sie aber Massentierhaltung mitsamt Fleischverzehr und Bevölkerungswachstum außer Acht lässt, was man allerdings fast der ganzen Menschheit zur Last legen kann. Solche Inkonsistenzen im Denken und Handeln kann man in der Ethik behandeln, etwa mit den Begriffen „Moral" und „Moralität". Die Umweltethik beschäftigt sich speziell mit dem Verhalten und der Verantwortung gegenüber der unbelebten und der belebten Natur, für die das Klima entscheidend ist. Die Wirtschaftsethik muss immer mehr die Begriffe und Konzepte der Umwelt- und Tierethik aufnehmen, um ihrem Anspruch gerecht zu werden.

(Oliver Bendel)

G

Gemeinwohl

Aus dem Lat. *bonum commune* übersetzt, verstand man unter Gemeinwohl ein mehr oder weniger konkretes, allgemeines Wohl der Gesellschaft; dieses zu fördern galt oft als Aufgabe des Staates. Auch heute dient es noch als unbestimmter Rechtsbegriff zur Orientierung für den Gebrauch staatlicher Gewalt, deren Einsatz sich durch Gemeinwohlbezug legitimieren können muss. In der Sozialphilosophie wird das Gemeinwohl oft rekonstruiert als sich ergebend aus dem Konsens der Betroffenen (Konsensethik), es verliert dann aber die inhaltlich-konkrete Bestimmtheit. In neuerer Zeit hat der Begriff wieder an Popularität gewonnen, etwa unter dem Begriff „Public Value", der stärker empirisch fundiert ist und im Ausgang von menschlichen Bedürfnissen als orientierender Werterahmen dienen soll.
(Andreas Suchanek, Nick Lin-Hi)

© Der/die Autor(en), exklusiv lizenziert durch Springer Fachmedien Wiesbaden GmbH, ein Teil von Springer Nature 2022
O. Bendel et al., *110 Keywords Wirtschaftsethik*,
https://doi.org/10.1007/978-3-658-36385-7_7

Gendersternchen

1. *Begriff:* Mit dem Gendersternchen oder Genderstern (seltener „Gender-Star") versucht man – so das erklärte Ziel der Verwender – eine Berücksichtigung und Sichtbarmachung aller Geschlechter in der geschriebenen deutschen Sprache zu erreichen. Zu diesem Zweck fügt man es in Substantive und Adjektive sowie in oder zwischen unbestimmte und bestimmte Artikel ein. Im Information Retrieval – etwa bei der Suche in Fachdatenbanken oder mit Suchmaschinen im Internet – dient ein Sternchen (auch Asterisk genannt) als Platzhalter für ein Zeichen oder mehrere Zeichen. In der geschlechtergerechten Sprache soll es für weitere Geschlechter neben dem männlichen und weiblichen stehen, also für das, was man ansonsten als divers bezeichnet. Das Gendersternchen kann man mithilfe eines Glottisschlags – wie bei Spiegelei (mit Knacklaut vor dem „ei") – sprechen. Alternativen zu ihm sind der Doppelpunkt, der Unterstrich (Gender-Gap) und das Binnen-I, wobei Bildungen mit dem letzteren nur zwei Geschlechter umfassen und deshalb als binär kritisiert werden.

2. *Beispiele:* Für den Gebrauch des Gendersternchens existieren Leitfäden, für die Allgemeinheit und für die Mitarbeiterschaft in Organisationen. Dabei gibt es nicht in allen Fragen Konsens. Im Singular schreibt man z. B. „der*die Schüler*in" oder „ein*e Schüler*in", im Plural „die Schüler*innen". Bei Bildungen im Plural wie „die Student*innen" oder „die Autor*innen" taucht das Problem auf, dass die männliche Form verschwindet, also „die Studenten" bzw. „die Autoren". Einige behelfen sich mit „die Studenten*innen", das allerdings sowohl geschrieben als auch gesprochen wenig praktikabel erscheint. Bei „die Anwält*innen" verabschiedet sich im Plural ebenfalls die männliche Form, also „die Anwälte". Schwierigkeiten resultieren zudem bei der Deklination. So fehlt bei der Wendung „den Reporter*innen ein Interview geben" das Dativ-n („den Reportern"). Der grammatikalische Fehler geht wiederum mit einer Entfernung der männlichen Form einher (wobei dies auch Absicht sein kann, womit kein grammatikalischer Fehler vorliegen würde). Die Schreibweise „den Reportern*innen", die geschlechtergerecht wäre, wird wiederum von den Protagonisten selbst meist abgelehnt bzw. nicht benutzt.

3. *Hintergrund und Entwicklung:* Gezielte Eingriffe in die Sprache im Kontext der Geschlechtergerechtigkeit gehen auf Arbeiten von Sprachwissenschaftlerinnen wie Luise F. Pusch und Senta Trömel-Plötz in den 1970er- und 1980er-Jahren zurück. Sie kamen zum Schluss, dass das generische Maskulinum weibliche Personen nicht oder nicht ausreichend abbildet. Die klassische Sprachwissenschaft hält dem entgegen, dass das grammatikalische vom natürlichen Geschlecht zu unterscheiden sei. Sätze wie „Ich gehe zum Bäcker!" würden vom Geschlecht absehen und keineswegs Frauen mitmeinen, sondern weder speziell Frauen noch speziell Männer meinen. Eine Erwiderung darauf wiederum lautet, dass bei Personenbezeichnungen Genus und Sexus stark korrelieren. Das generische Maskulinum wurde jedenfalls von verschiedener Seite beanstandet und mit dem Gendersternchen weiter zurückgedrängt. Dieses wird u. a. von der LGBT- und Queer-Community, von Gleichstellungsbeauftragten und Marketingabteilungen sowie von Behörden und Ministerien gefördert. An Universitäten und Fachhochschulen im deutschsprachigen Raum hat es sich stark verbreitet. Da das Gendersternchen nicht zur offiziellen deutschen Sprache gehört, wie sie der Rat für deutsche Rechtschreibung regelt, ist es allerdings in studentischen Arbeiten grundsätzlich als Fehler zu bewerten, was die Einrichtungen in gewisser Weise spaltet. Einige feministische Linguistinnen der ersten Stunde sind dem Gendersternchen gegenüber skeptisch eingestellt. Es dürfte freilich der Forderung von Aktivistinnen entgegenkommen, aus der „Männersprache" eine „Frauensprache" zu machen, da männliche Formen verschwinden oder nicht mehr wahrgenommen werden. Im englischen Sprachraum wird das Geschlecht umgekehrt in den Hintergrund gerückt, etwa wenn Schauspielerinnen nicht mehr als „actress", sondern als „actor" bezeichnet werden wollen.

4. *Diskussion:* Kritiker halten das Gendersternchen für sexualisierend, da das Geschlecht selbst dort betont wird, wo es keine Rolle spielt, und für sexistisch, da in vielen Begriffen die männliche Form verschüttgeht. Zudem heben sie – wie auch der Rat für deutsche Rechtschreibung in seiner Stellungnahme aus dem Jahre 2021 – hervor, dass die Verwendung zu grammatikalischen Schwierigkeiten führt. Das Gendersternchen bedeutet einen schwerwiegenden Eingriff in die

Struktur der Sprache. Im Deutschen treten innerhalb von Wörtern außer dem Bindestrich i. d. R. keine weiteren Sonderzeichen auf. Apostrophe substituieren lediglich einen Buchstaben, mit Klammern fügt man Ergänzungen hinzu. Ähnlich wie das Leerzeichen, das manche fälschlicherweise statt eines Bindestrichs verwenden („E-Learning Konferenz") oder mit dem sie zwei zusammengehörende Bestandteile voneinander trennen („Gemüse Suppe"), zerteilt das Gendersternchen ein Wort (nämlich die Form, die als weibliche verstanden werden kann). Befürworter heben hervor, dass sich Sprache ändert (wobei es sich hier um keinen natürlichen Sprachwandel handelt und dieser von einer Minderheit ausgeht) und durch diese Anpassung unterschiedliche Geschlechter sichtbar gemacht werden, was im Sinne der Wokeness ist. Sie schätzen grammatikalische Unkorrektheiten als wenig relevant ein, zumal diese nach ihrer Beobachtung genauso in anderen Zusammenhängen vorhanden sind. Sie behaupten, dass man bei den „Kolleg*innen" die Männer erkennt, weil die entsprechende Form den gleichen Wortstamm aufweist.

5. *Kritik und Ausblick:* Über Sinn und Unsinn des Gebrauchs von Gendersternchen und Doppelpunkten wird mit Vehemenz diskutiert. Obwohl es eine Entwicklung ist, die in bestimmten akademischen Kreisen und sozialen Bewegungen zu Hause ist, bleibt hier keineswegs der Widerspruch aus. Eine Verkürzung von Sprache auf eine politische und moralische Dimension wird der Kommunikationsfunktion kaum gerecht. Gerade in der Wissenschaft und im Journalismus – sowie von Seiten der Verwaltung und im Rechtswesen – muss man verständlich, prägnant und präzise sein. Teilweise können durch das Gendersternchen schwerfällige Formulierungen ersetzt werden. Mehrheitlich entstehen aber erst schwerfällige Formulierungen, die den Lesefluss erschweren. Dies ist insbesondere für solche Personen ein Problem, die Defizite in ihrer Muttersprache haben, zudem für solche, die Deutsch als Fremdsprache erlernen wollen. Aus der Ethik heraus kann der Moralismus beanstandet werden, der ins Schreiben und Sprechen gebracht wird, etwa im Zusammenhang mit Identitätspolitik, und es kann die Moral untersucht werden, die hier – z. T. durchaus in bester Absicht – zum Ausdruck kommt. Bereichsethiken wie Medien- und Informationsethik sowie Wissenschaftsethik tragen ihren Teil zur Auseinandersetzung

bei. In letzterer interessiert etwa die Vermengung von Linguistik und Aktivismus. Die Wirtschaftsethik (insbesondere die Unternehmens-ethik) thematisiert, ob ein Betrieb für Sprachregelungen über Tone of Voice, Social-Media-Richtlinien und allgemeine Kommunikations-leitlinien hinaus zuständig ist oder ob man damit ein gegenüber dem Arbeitnehmer übergriffiges Verhalten zeigt.
(Oliver Bendel)

Gerechtigkeit

1. *Begriff:* Eine prägnante Definition liefert der römische Jurist Ulpian (170–228 n. Chr.): „Gerechtigkeit ist der feste und dauernde Wille, jedem sein Recht zuzuteilen". Gerechtigkeit regelt die Beziehungen von Menschen zu anderen Menschen. Sie enthält immer ein Moment von Gleichheit in dem Sinne, dass jedem Menschen „sein Recht" (ius suum) zusteht. Zentrale Frage ist, wie dieses Recht bestimmt wird.
2. *Gerechtigkeit als Tugend:* Nach klassischer Konzeption gilt Gerechtig-keit seit der griechischen Antike als höchste Tugend im sozialen Zusammenleben. Sie stellt eine individuelle Haltung oder Einstellung dar, nach der ein Akteur die einzelnen Handlungen ausführt bzw. aus-führen sollte. Es werden *zwei Formen von* Gerechtigkeit unterschieden:
(1) Die „iustitia commutativa", *Tausch*gerechtigkeit oder *ausgleichende* Gerechtigkeit, regelt das Verhältnis zwischen Gleichen; im Tausch müssen Leistung und Gegenleistung (nach Auffassung der Tausch-partner) äquivalent sein.
(2) Die „iustitia distributiva", die *zuteilende* Gerechtigkeit (nicht die Ver-teilungsgerechtigkeit, in die sie modern umgedeutet wird), regelt das Verhältnis zwischen Ungleichen wie z. B. zwischen Staat und Bürger und verlangt, dass die übergeordnete Instanz an verschiedene Menschen mit untergeordnetem Status ohne konkrete Gegenleistung so zuteilt, dass Menschen mit gleichem Status gleich behandelt werden *(horizontale Gerechtigkeit)* und der Abstand zwischen verschiedenen Positionen angemessen berücksichtigt wird *(vertikale Gerechtigkeit).* Über die Tugend der Gerechtigkeit verfügt, wer nach diesen Grundsätzen handelt. Diese Konzeption bleibt maßgebend bis ins 19. Jahrhundert.

3. *Soziale Gerechtigkeit:*

a) In der heutigen Diskussion dominiert der Begriff der sozialen Gerechtigkeit. Er taucht erstmals *Mitte des 19. Jahrhunderts* auf, als im Zuge der Differenzierung des gesellschaftlichen Subsystems Wirtschaft von der *Handlungssteuerung* auf *Systemsteuerung* umgestellt wird: Jetzt werden nicht mehr Handlungen, sondern Regeln bzw. Regelsysteme, nach denen die Handlungen in Wirtschaft und Gesellschaft erfolgen, auf ihre Gerechtigkeit befragt. Dazu gab die soziale Frage des 19. Jahrhunderts die unmittelbare Veranlassung. Bis heute ist umstritten, ob und gegebenenfalls wie man eine Handlungskategorie auf eine Systemkategorie umformulieren kann.

b) Bis etwa 1970 hat man versucht, die Gerechtigkeit eines Systems, konkret der Marktwirtschaft (aber auch der früheren Zentralverwaltungswirtschaft), an bestimmten gesamtwirtschaftlichen Verteilungsergebnissen festzumachen; man spricht hier auch von *Verteilungs*gerechtigkeit. Bestimmte Verteilungsprofile (Verteilung) wurden normativ ausgezeichnet, und es war Aufgabe der Politik, diese herbeizuführen. Als normativer Maßstab galt – zumindest regulativ – praktisch immer die Gleichverteilung, wenn man auch aufgrund pragmatischer, eigentumsrechtlicher und anderer Gesichtspunkte Abstriche hinzunehmen bereit war. Sozialpolitik mit Einkommensumverteilung und Wohlfahrtsstaat sind zum Teil in diesem Geist gedacht.

c) Diese Konzeption der *Gerechtigkeit als Ergebnis*gerechtigkeit muss, wie um 1970 deutlich wird, aus systematischen und pragmatisch-politischen Gründen *scheitern.*

(1) Infolge ungleicher Anfangsausstattungen verlangt die Herstellung (annähernd) gleicher Verteilungsresultate die Ungleichbehandlung der verschiedenen Akteure, womit eine grundlegende Forderung der Gerechtigkeit verletzt wird.

(2) Da Allokation und Distribution systematisch interdependent sind, kann eine größere Annäherung an die Gleichverteilung zu Wachstumsschwäche und Armut führen.

(3) Es ist unangemessen, einen Marktprozess, in dem sich das Ergebnis als nichtintendiertes Resultat zahlloser Handlungen von Individuen ergibt, die ihre eigenen Ziele verfolgen, als Modell der zuteilenden Gerechtigkeit zu denken, weil es niemanden gibt, der zuteilt.

(4) Der Begriff „soziale Gerechtigkeit" lässt sich im politischen Kampf zur Rechtfertigung von Gruppeninteressen missbrauchen, was F. A. v. Hayek dazu veranlasste, den Begriff zu kritisieren als Konzept einer verfehlten Politikvorstellung als zentraler Steuerung. So ist der Begriff „soziale Gerechtigkeit" für Hayek so unsinnig wie der Ausdruck „ein moralischer Stein".

d) *Rawls* erklärt 1971 (A Theory of Justice) die Gerechtigkeit zur „ersten Tugend sozialer Institutionen" und berücksichtigt durchgängig die Interdependenz von Allokation und Distribution. Die Gleichheit aller Menschen besteht darin, dass sie moralische Subjekte sind. Daraus folgert er, dass die Gleichheit in der Verteilung der Grundgüter – Freiheit, Chancen, Einkommen und Vermögen – zwar zum gedanklichen Ausgangspunkt der normativen Theorie der Gerechtigkeit genommen wird, aber eine Ungleichverteilung der Grundgüter Chancen, Einkommen und Vermögen – nicht jedoch der Freiheit – dann als gerecht gelten kann, wenn die Benachteiligten dadurch größere Vorteile erzielen als durch (größere) Gleichverteilung (Konsensethik). Rawls befindet sich auf dem Weg von einer *Ergebnis*gerechtigkeit zur *Verfahrens*gerechtigkeit. Ungleiche Anfangsausstattungen, z. B. besondere Begabungen, werden nicht mehr neutralisiert, sondern als „Social Asset" begriffen, als Kapital, das den Benachteiligten Nutzen bringen und deswegen gesellschaftliche Förderung verdienen kann. Rawls formuliert mit dieser Konzeption von sozialer Gerechtigkeit die Sozialphilosophie wohlfahrtsstaatlicher Demokratien westlichen Musters.

e) Eine weitere Theorie sozialer Gerechtigkeit legen *Brennan und Buchanan* 1985 vor. Sie stellen stärker noch als Rawls auf Regeln und ihre Gerechtigkeit ab. Handlungen sind gerecht, wenn sie Regeln folgen, Gerechtigkeit gibt es nur „within rules". Es sind die Regeln, die das „ius suum" Ulpians definieren, denn sie formulieren die „berechtigten Erwartungen" der Akteure. Bei der sozialen Gerechtigkeit geht es aber um die Frage, wann die Regeln – die Institutionen, das Wirtschaftssystem – als gerecht beurteilt werden können. Hier finden Brennan und Buchanan den Weg, Regeln dann als gerecht zu beurteilen, wenn sie höheren Regeln, Metaregeln, entsprechen. Sie können so den Gedanken festhalten, dass Gerechtigkeit grundsätzlich Regeln – qua Formulierungen berechtigter Erwartungen – voraussetzt, und sie können

Regeln selbst auf ihre Gerechtigkeit hin beurteilen. Sie gelangen über die Vorstellung einer *Regelhierarchie* letztlich zur „Verfassung", in der die „berechtigten Erwartungen" der Mitglieder einer Gesellschaft per Konsens festgelegt sind. Die letzten Maßstäbe für Gerechtigkeit finden sich weder in gesellschaftsexternen Instanzen (Gott, Natur) noch in ausgezeichneten Ergebnissen (Verteilungsprofile), sondern in Verfahren der Verfassungsgebung und Verfassungsentwicklung.

Da nicht jeder Austausch schon eine gemeinsame Verfassung im formalen Sinn voraussetzt, hängt dieser Prozess von der Stärke der faktischen Interdependenzen in Gesellschaften, also von gemeinsamer Geschichte und Kultur, von der Intensität der Wirtschafts- und Kommunikationsbeziehungen etc. ab.

4. *Neuere Entwicklungen:* Es sind vier neuere Entwicklungen im Diskurs über Gerechtigkeit zu vermerken.

a) Gegen die traditionell universalistische Auffassung von Gerechtigkeit auf der Grundlage des Gleichheitsgedankens machen Autoren wie Elster und Walzer *lokale* Gerechtigkeit geltend. Das „ius suum", die berechtigten Erwartungen, werden hier als abhängig z. B. von Traditionen oder Kulturen, auch Organisationskulturen, interpretiert. Der Gedanke interkulturell verschiedener Moralstandards wird intrakulturell auf die verschiedenen kleineren sozialen Einheiten bezogen. Hier setzt eine empirische Gerechtigkeitsforschung an.

b) Es ist die Frage, ob sich die Kategorie soziale Gerechtigkeit auf die Beziehungen zur Dritten Welt anwenden lässt. Dies hängt von der Intensität der faktischen Beziehungen ab: Es scheint, dass sich die Interdependenzen global so entwickeln, dass Staaten der Dritten Welt allmählich zu Partnern in einem – expliziten (internationale Verträge) oder impliziten – Weltgesellschaftsvertrag werden. Aus solchen Fakten entwickeln sich allmählich berechtigte Erwartungen, die dann in förmliche oder informelle Verfassungen einmünden (können).

c) Im Kontext der Diskussion um Nachhaltigkeit wird das Konzept einer *intergenerationellen* Gerechtigkeit diskutiert. Hier tritt ein ähnliches Problem auf wie früher bei der sozialen Gerechtigkeit: Das damit indizierte Problem ist unstreitig vorhanden, aber es ist noch schwierig, dem Begriff einen hinreichend präzisen Sinn zu geben.

(Andreas Suchanek, Nick Lin-Hi)

Gesellschaftsvertrag

1. *Begriff:* Die die Gesellschaft schaffende vertragliche Rechtsgrundlage, oft auch *Satzung* genannt.
2. *Allgemeine Vorschriften:* Die *allgemeinen Vorschriften* über Rechtsgeschäfte und Verträge finden Anwendung. Auch die Anfechtung eines Gesellschaftsvertrags ist zulässig, hat aber keine rückwirkende Kraft mehr, sobald die Gesellschaft ins Leben getreten ist, und wirkt nie gegen gutgläubige Dritte; sie wirkt nur wie eine Kündigung, die in der Regel zur Auseinandersetzung unter den Gesellschaftern führt.
3. *Bedeutung in der Volkswirtschaftstheorie:* Im wirtschaftsethischen Kontext bezieht sich der (hypothetische) Gesellschaftsvertrag (engl. „social contract") auf die Idee, dass sich Menschen selbst die (rechtlichen) Grundlagen für ihr Zusammenleben geben. Eine klassische Argumentationsfigur hierbei ist die kollektive Übereinkunft, einen übergeordneten Akteur (z. B. Staat) zu akzeptieren und diesem politische Befugnisse zu übertragen. Die Übereinkunft folgt dabei der rationalen Logik, dass hierdurch gesellschaftliche Kooperationsgewinne möglich werden bzw. Dilemmastrukturen gehandhabt werden können. Die Idee des Gesellschaftsvertrags wird auf verschiedene Kontexte angewandt und ermöglicht etwa die vertragstheoretische Rekonstruktion für die Existenz von Märkten und Unternehmertum. Auch die Existenz von einzelnen Branchen bzw. von wirtschaftlichen Aktivitäten kann als Gesellschaftsvertrag gedacht werden. Mit einem Gesellschaftsvertrag gehen Rechte und Pflichten einher und es gilt regelmäßig nachzuweisen, dass hiermit gesellschaftlicher Mehrwert geschaffen wird.
(Andreas Suchanek, Nick Lin-Hi)

Global Compact

Von K. Annan, dem ehemaligen Generalsekretär der UN, ins Leben gerufener Pakt zwischen der UN und Unternehmen; die operative Phase startete im Juli 2000. Die Teilnahme ist für Unternehmen freiwillig (freiwillige Selbstverpflichtung) und setzt die Abgabe einer entsprechenden Willenserklärung voraus. Hierdurch verpflichten sich Unternehmen zur Einhaltung von zehn Prinzipien aus den Bereichen Menschenrechte, Arbeitsnormen, Umweltschutz und Korruptionsbekämpfung. Der Global Compact gehört zu den weltweit wichtigsten Initiativen zur Beförderung von Nachhaltigkeit und CSR in der Wirtschaft.

Kritik: Da die Einhaltung der Prinzipien keine (rechtliche) Verbindlichkeit besitzt, wird bisweilen die Wirksamkeit des Global Compact angezweifelt. In diesem Kontext ist aufgrund des blauen Logos des Global Compact auch der Begriff des Bluewashings (angelehnt an Greenwashing) zu finden.

(Andreas Suchanek, Nick Lin-Hi, Martin Klein)

Global Governance

Als Global Governance werden Ansätze zu Steuerung bzw. Kanalisierung von Aktivitäten auf globaler Ebene bezeichnet. Global Governance zielt auf die Schaffung eines globalen, idealerweise von allen akzeptierten (Regel-)Rahmens und ermöglicht unter anderem das Management von Dilemmastrukturen zwecks Schaffung eines fairen (Leistungs-)Wettbewerbs sowie die Lösung von globalen Herausforderungen. Mit Blick auf ihre Größe sowie grenzüberschreitenden Aktivitäten sind Unternehmen wichtige Akteure im Bereich Global Governance und entsprechende Aktivitäten sind Teil von Corporate Social Responsibility.

(Nick Lin-Hi)

Globalisierung

Globalisierung beschreibt die grenzüberschreitende Verflechtung von gesellschaftlichen und wirtschaftlichen Aktivitäten. Als Treiber für Globalisierung fungieren insbesondere die zu realisierenden Kooperationsgewinne, welche im wirtschaftlichen Bereich durch die

Ausnutzung von Vorteilen in Bezug auf Standorte, Arbeitsteilung und Spezialisierung möglich werden. Auf der einen Seite befördert Globalisierung die gesellschaftliche Entwicklung, da immer mehr Akteure in wirtschaftliche Kooperationen eingebunden werden können. Auf der anderen Seite führt Globalisierung zu neuen (ethischen) Fragestellungen. Hierzu zählt etwa die Frage nach globalen (Spiel-)Regeln sowie deren moralischer Grundlage.

Diese Frage ist von übergeordneter Relevanz, da Globalisierung mittels Spielregeln zu gestalten ist, damit sie gesellschaftlichen Interessen dient. Nach verbreiteter Auffassung ist es fraglich, ob es gelingen kann, einen weltweit einheitlichen verbindlichen Wertekonsens zu erzielen. Entsprechend rücken zweckrationale Überlegungen in den Mittelpunkt für die Begründung von globalen Regeln.

(Andreas Suchanek, Nick Lin-Hi)

Goldene Regel

Als Goldene Regel werden Maximen bezeichnet, die auf der Logik von Reziprozität basieren und darauf ausgerichtet sind, ein gutes (gesellschaftliches) Zusammenleben zu ermöglichen. Ein Beispiel für eine Goldene Regel ist die Idee der gesellschaftlichen Zusammenarbeit zum gegenseitigen Vorteil. Eine Goldene Regel stellt auf übergeordneter Ebene den Zusammenhang zwischen individuellen Handlungen und gesellschaftlichen Effekten her und unterstreicht die Vorteilhaftigkeit von Kooperation. Entsprechende Maximen sind in vielen ethischen Konzeptionen angelegt, sodass die Goldene Regel auch als Basis für das menschliche Zusammenleben verstanden werden kann. Eine praktische Herausforderung besteht darin, die Idee der Goldenen Regel unter den Bedingungen der modernen Gesellschaft zur Geltung zu bringen bzw. zu konkretisieren und beispielsweise die Logik von nichtintendierten Nebenwirkungen mitzudenken.

(Nick Lin-Hi)

Greenwashing

Bezeichnet den Versuch von Organisationen, durch Kommunikation, Marketing und Einzelmaßnahmen ein „grünes Image" zu erlangen, ohne entsprechende Maßnahmen im operativen Geschäft systematisch verankert zu haben. Bezog sich der Begriff ursprünglich auf eine suggerierte Umweltfreundlichkeit, findet er mittlerweile auch für suggerierte Unternehmensverantwortung Verwendung.
(Nick Lin-Hi)

H

Homo oeconomicus

Mit dem Homo oeconomicus wird menschliches Handeln als rationale, eigeninteressierte Reaktion auf die (Anreiz-)Bedingungen einer Situation modelliert. Auf diese Weise können komplexe Interaktionsstrukturen wie etwa Märkte oder Organisationen bzw. die Wirkungen von – insbesondere politischen – Maßnahmen systematisch auf ihre vermutlichen Folgen hin analysiert werden. Mit dem Modell wird unterstellt, dass die Handlungen von – ansonsten gegebenenfalls sehr unterschiedlichen – Individuen in bestimmten Situationen ähnlich verlaufen. Das typische Beispiel ist: Wenn Preise steigen, wird weniger von einem Gut nachgefragt.

Wirtschaftsethisch kann dieses Modell helfen, Interaktionsprobleme besser zu verstehen und nichtintendierte Handlungswirkungen zu analysieren, die aus rationalem, eigeninteressiertem Handeln entstehen können, sei es in positiver Weise wie bei funktionierenden Märkten, sei es in negativer Weise der Fall ausbleibender Beiträge für die Erstellung von Kollektivgütern. In beiden Fällen kann das Modell komplexe

© Der/die Autor(en), exklusiv lizenziert durch Springer Fachmedien Wiesbaden GmbH, ein Teil von Springer Nature 2022
O. Bendel et al., *110 Keywords Wirtschaftsethik*,
https://doi.org/10.1007/978-3-658-36385-7_8

Wirkungszusammenhänge von Interaktionen verständlich werden lassen.

Das Modell stellt in hochreduzierter Form menschliches Handeln dar und kann daher auch zu Missverständnissen führen, etwa dem Fehlschluss, dass es das Wesen des Menschen erfasst. Das ist jedoch ebenso verfehlt wie die Annahme, dass das medizinische Bild vom Menschen als Zellverbund das Wesen des Menschen erfasst.

(Andreas Suchanek, Nick Lin-Hi)

I

Identitätspolitik

1. *Allgemein:* Die Identitätspolitik geht von der Identität von Einzelnen und Gruppen aus. Mit ihrer Hilfe wehren und befreien sich diskriminierte Gruppen, etwa Frauen, Homosexuelle, Vegetarier und Veganer, People of Color (PoC), Ureinwohner, Obdachlose und Sexarbeiter. Es geht insgesamt um sexuelle, ethnische, politische, kulturelle, weltanschauliche, altersbezogene, soziale oder berufliche Merkmale bzw. Zugehörigkeiten. Mit der Entdeckung und Betonung der Identität kann die Forderung einhergehen, wegen ihr (und nicht z. B. aufgrund von Kompetenzen) präferiert und inkludiert zu werden.
2. *Hintergrund:* Im Zuge der Identitätspolitik werden Benachteiligungen und Herabsetzungen deutlich und angreifbar. Sie verstärkt in diesem Sinne die Handlungs- und Beteiligungsmöglichkeiten der Betroffenen. Diese entwickeln ein neues Zusammengehörigkeitsgefühl und ein neues Selbstbewusstsein. Zudem gewinnen sie Verbündete. Die Identitätspolitik spielt eine wichtige Rolle in der Wokeness, der Haltung und Bewegung der Wachheit und Wachsamkeit, und in der Cancel Culture.

© Der/die Autor(en), exklusiv lizenziert durch Springer Fachmedien Wiesbaden GmbH, ein Teil von Springer Nature 2022
O. Bendel et al., *110 Keywords Wirtschaftsethik*,
https://doi.org/10.1007/978-3-658-36385-7_9

3. *Kritik und Ausblick:* Bei manch einer Minderheit kommt es im Kontext der Identitätspolitik zu einer Anpassung an die (von Außenstehenden teils als rückständig empfundenen) Gepflogenheiten der Mehrheit, wie bei der gleichgeschlechtlichen Ehe, oder zu einer Verstärkung der Abgrenzung und dadurch wieder der Ausgrenzung, unter Betonung der Sonder- oder Opferrolle und unter Zurückweisung der Mehrheitsidentität. Dies ist Thema der Ethik, der Psychologie und der Soziologie.
(Oliver Bendel)

In-vitro-Fleisch

1. *Allgemein:* In-vitro-Fleisch ist Fleisch, das synthetisch hergestellt wird. Es braucht also keine Tötung und Schlachtung des Tiers – das Fleisch wird nicht aus diesem herausgeschnitten oder aus ihm anderweitig gewonnen, sondern wächst „im Glas" (lat. „in vitro"), etwa in Laborflaschen und Bioreaktoren. Man spricht auch von kultiviertem Fleisch oder Laborfleisch. Es handelt sich im Wesentlichen um Muskelgewebe, bestehend aus Muskelzellen. Vorgängig entfallen die Jagd sowie die Tierhaltung, einschließlich der Massentierhaltung, zum Zwecke der Fleischproduktion.
2. *Merkmale und Entwicklung:* In-vitro-Fleisch kommt in einer bestimmten Züchtung und Zubereitung konventionellem Hackfleisch in Konsistenz und Geschmack nahe. Deshalb gelten Buletten und Burger als mögliche Nahrungsmittel für Test und Einführung. Die Herstellung von Steaks, Braten etc. ist komplex, und man benötigt dafür dreidimensionale Haltestrukturen. Die Forscher und Firmen sind bemüht, die Verbraucher für sich zu gewinnen, und beispielsweise vorsichtig in Bezug auf den Einsatz von Gentechnik. Konzerne investieren in die synthetische Fleischproduktion; Fortschritte sind zu erwarten, etwa durch die Verwendung von Fettgewebe aus Stammzellen.
3. *Kritik und Ausblick:* Aus Sicht der Tierethik kann In-vitro-Fleisch das Problem des Leidens von gejagten und gehaltenen Lebewesen lösen. Zudem müsste niemand mehr töten (lassen), um essen zu können, sodass nicht mehr gegen den Lebenswillen der Tiere gehandelt würde.

Die Wirtschaftsethik kann In-vitro-Fleisch vor dem Hintergrund der Massentierhaltung und der Viehtransporte thematisieren. Für Vegetarier, die sich vor Fleisch ekeln, ist das synthetische Fleisch keine Lösung, wohl aber für Personen, die aus ethischen, ökonomischen und ökologischen Gründen kein oder weniger Fleisch essen wollen. Angemerkt werden kann, dass die Ökobilanz bei vegetarischer und veganer Lebensweise besser ausfällt und sich durch die Ernährung mit In-vitro-Fleisch die Gewöhnung an Fleisch nicht ändert (und es unwahrscheinlich ist, dass es dieses zeitnah vollständig ersetzt). (Oliver Bendel)

Individualismus

1. *Ethischer Individualismus:* Unter ethischem Individualismus versteht man eine Position, die dem Individuum in Fragen der Moral Vorrang vor den Forderungen und Interessen der Allgemeinheit gibt.
2. *Aufgabe von Wirtschaftsethik:* In diesem Kontext hat Wirtschaftsethik zum einen die Aufgabe, Regeln, Werte und moralische Konzepte für die Individuen deutlich zu machen, insbesondere in wirtschaftlichen und organisatorischen Kontexten und mit Blick auf die Förderung gesellschaftlicher Kooperation sowie einen vernünftigen Umgang mit Konflikten, wie sie sich unausweichlich aus dem Gebrauch individueller Freiheit ergeben. (Andreas Suchanek, Nick Lin-Hi)

Informationsethik

1. *Allgemein:* Die Informationsethik hat die Moral derjenigen zum Gegenstand, die Informations- und Kommunikationstechnologien (IKT) und neue Medien anbieten und nutzen. Sie geht der Frage nach, wie sich diese Personen, Gruppen und Organisationen in moralischer bzw. sittlicher Hinsicht verhalten (empirische oder deskriptive Informationsethik) und verhalten sollen (normative Informations-ethik). Von Belang sind auch diejenigen, die keine IKT und neuen

Medien anbieten und nutzen, aber z. B. an deren Produktion beteiligt oder von deren Auswirkungen betroffen sind. Informationsethik hat also die Moral (in) der Informationsgesellschaft zum Gegenstand und untersucht, wie sich deren Mitglieder in moralischer Hinsicht verhalten respektive verhalten sollen; ebenso betrachtet sie unter sittlichen Gesichtspunkten das Verhältnis der Informationsgesellschaft zu sich selbst, auch zu nicht technikaffinen Mitgliedern, und zu wenig technisierten Kulturen. In der Metainformationsethik werden moralische Aussagen analysiert, etwa ausgehend von darin enthaltenen informationstechnischen Begriffen, und Ansätze der Informationsethik verortet und verglichen. „Digitale Ethik" wird zuweilen wie „Informationsethik" gebraucht, zuweilen auch in anderer Weise.

2. *Stellung innerhalb der Bereichsethiken:* Die Informationsethik gehört zur angewandten Ethik und zu den Bereichs- oder Spezialethiken. Diese beziehen sich auf abgrenzbare Lebens- und Handlungsbereiche. Beispiele sind neben der Informationsethik Medizinethik, Bioethik, Umweltethik, Militärethik, Friedensethik, Technikethik, Roboterethik, Medienethik, Wissenschaftsethik, Wirtschaftsethik, Politikethik und Rechtsethik. Ferner werden Sterbe- und Altersethik in Theorie und Praxis genannt, die Zukunftsethik, ebenfalls mit zeitlicher Konnotation, und die Sexualethik, deren Eigenständigkeit nicht unumstritten ist. Alle Bereichsethiken müssen sich mit der Informationsethik verständigen; die Informationsethik kann sich selbst genügen und sich damit begnügen, sich in ausgewählte Richtungen zu strecken. Der Informationswissenschaftler Rainer Kuhlen hat in seinem Buch „Informationsethik" die Beziehung zwischen Bioethik und Informationsethik thematisiert. Oliver Bendel hat die Informationsethik zu zehn Bereichsethiken ins Verhältnis gesetzt – und dann das Verhältnis zwischen Medizinethik und Informationsethik unter die Lupe genommen.

3. *Möglichkeiten der Systematisierung:* Auf den Medienwissenschaftler Rafael Capurro ist die Einteilung der Informationsethik in Netz-, Medien- und Computerethik zurückzuführen. Informationsethik ist für ihn sowohl eine auf Informations- und Kommunikationstechnologien als auch – ganz in informationswissenschaftlicher Tradition –

auf Information bezogene Beschäftigung; von daher ist es konsequent, dass die Medienethik unter ihren Begriff fällt. Es liegt vor allem an der Entwicklung der Technologien und Medien, dass die Abgrenzung im Einzelfall schwer sein kann. Wenn man die Moral in sozialen Netzwerken analysiert – betreibt man dann Netzethik, Medienethik oder Computerethik? Wahrscheinlich alles zusammen, und je nach Fokus tritt der erste, zweite oder dritte Bezugspunkt hervor. Mit seiner Unterscheidung ist es Capurro auf jeden Fall gelungen, die eine oder andere ältere Bereichsethik einer neueren zuzuordnen.

Man kann Informationsethik genauso, der eingangs vorgetragenen Definition folgend, als Ethik der Bereitstellung und Nutzung von Informations- und Kommunikationstechnologien und neuen Medien auffassen; der Begriff der Information funktioniert dabei ähnlich wie in den Komposita „Informationsmanagement" und „Informationsgesellschaft". „Informationsmanagement" ist ein vielschichtiger Begriff; eine verbreitete Bedeutung ist das Management von Informations- und Kommunikationstechnologien und Informationssystemen. Die Informationsgesellschaft ist weniger eine informierte als vielmehr eine Information verarbeitende bzw. verarbeiten lassende Gesellschaft. Unterschieden werden kann entsprechend auch mit Blick auf Technologien und Medien. Man mag auf dem Gebiet der Informationsethik von einer Ethik der Informations- und Kommunikationstechnologien sprechen, von einer Ethik der neuen Medien und von einer Ethik des Contents, wobei es wohlgemerkt um den geistigen und körperlichen Umgang mit diesen Gegenständen geht. Eine Ethik des Contents kann auch das Urheberrecht im virtuellen Raum und das Recht am eigenen (digitalen) Bild abdecken, sich mit Rechtswissenschaft und -ethik überschneidend.

Eine weitere Systematisierung stammt von Kuhlen. Er teilt in seinem Buch in Akteursgruppen wie Urheber und Künstler, Wissenschaft und Technik, Ausbildung, Staat, Nutzer und Verbraucher ein und ordnet ihnen Interessen zu, von denen die einen grundsätzlicher Art und die anderen auf IKT und neue Medien sowie auf Content bezogen sind. Der Informationswissenschaftler versteht Informationsethik „als praktizierte Aufklärung", deren Instrument „der informationsethische

Diskurs" sei, dessen „theoretische Grundlagen durch die Diskursethik gelegt worden sind" (Kuhlen 2004, S. 67). Der Bedarf an solchen Auseinandersetzungen entsteht nun, wenn divergierende Interessen der Akteursgruppen bzw. innerhalb der Akteursgruppen aufeinanderprallen. Vor dem Hintergrund dieser Überlegungen schlägt Kuhlen einen Ablauf für informationsethische Diskurse vor.

4. *Problembereiche und Fragestellungen:* Eine Systematisierung ist zudem anhand von Problembereichen und Fragestellungen möglich. Auch mit ihnen wird man konkret; häufig befindet man sich damit im normativen Bereich. Ein Beispiel dieser Art findet sich bei Bendel:

a) Wir nehmen Einbußen bei der Qualität in Kauf.

b) Wir verschwenden Zeit und Aufmerksamkeit.

c) Wir gleichen uns an in unserem Denken und Verhalten.

d) Wir schaffen Alternativen ab und stellen Abhängigkeiten her.

e) Wir verlieren unsere Erkenntnisse und unsere Fähigkeiten.

f) Wir lassen Kunden, Mitarbeiter und Freunde zu Schaden kommen.

Diese (zugespitzt formulierten) Probleme sind für Privatpersonen und für (anbietende und nutzende) Organisationen und Unternehmen gleichermaßen relevant. Sie bestehen seit langem; doch durch den Einsatz und die Verwendung von IKT und digitalen Medien entstehen neue Möglichkeiten, neue Qualitäten und Quantitäten. Vor dem Hintergrund der genannten Grundprobleme kann man zahlreiche Problem- und Sachbereiche identifizieren, etwa die scheinbare Prozessoptimierung durch Wirtschaftsinformatiker, das Potenzial des Netzes für den Totalitarismus, die Gefahren durch Automatismen und Manipulationen, die Abhängigkeit von IT-Unternehmen und IT, die Risiken von Anonymität und Identifizierbarkeit im Netz, die Zunahme von Mobbing und Denunziation in virtuellen Räumen und der Verlust der Privatheit durch Internet und Outernet. Ebenso kann man von ethischen Grundfragen ausgehen und Fragestellungen für die Informationsethik ableiten. Annemarie Pieper sieht in ihrem Buch „Einführung in die Ethik" drei Fragenbereiche, nämlich Glück bzw. Glückseligkeit, Freiheit sowie Gut und Böse. Zu Freiheit und Determination schreibt die Philosophin: „Mit dem Problem von Freiheit und Determination steht und fällt die Moral und damit zugleich die Ethik als die Wissenschaft von der Moral." (Pieper 2007, S. 168) Man kann grundsätzlich fragen, wie sich in der Informationsgesellschaft die Freiheit von Individuen und Gruppen verändert. Und man kann spezifische Fragen stellen: Wie verändert sich die Freiheit, wenn der Mensch nicht nur Maschinen benutzt, sondern auch von Maschinen benutzt wird? Welchen Einfluss auf unsere Autonomie hat es, wenn uns webbasierte Dienste Bücher und Freunde vorschlagen und personalisierte Werbung einblenden? Wie verändert sich unsere Privatsphäre, wenn wir uns selbst ausstellen und durch andere ausgestellt werden? Eng mit dem Begriff der Freiheit ist der Begriff der Verantwortung verbunden. Auch hier lässt sich grundsätzlich fragen: Wer übernimmt Verantwortung in einer hochtechnisierten Welt mit vielen Mittlern und Akteuren? Und man kann spezifische Fragen stellen, jeder für sich, auch bezüglich der eigenen Verantwortung.

5. *Moral von Menschen und Maschinen:* Noch in anderer Weise kann man die Ethik (mithin die Informationsethik) untergliedern, nämlich hinsichtlich des Subjekts und Objekts der Moral. Die Ethik ist üblicherweise der Moral von Menschen verpflichtet; aber sie kann sich als Maschinenethik auch auf die Moral von Maschinen beziehen. Diese Disziplin kann Informations- und Technikethik zugeschlagen oder als neue „Hauptethik" eingestuft werden. Der Begriff „moralische Maschine" ist ebenso wie „maschinelle Moral" („künstliche Moral") ein Terminus technicus. Das Anliegen ist, die menschliche Moral zu simulieren. Das Subjekt der Moral ist ein neuartiges, fremdartiges, merkwürdiges, es hat keinen freien Willen und trägt keine Verantwortung. Michael Anderson und Susan Leigh Anderson gehen als Herausgeber des Buchs „Machine Ethics" der Frage nach, ob und wie autonome Systeme in moralischer Weise handeln sollen. Schon in den 1950er- und 1960er-Jahren hat man in Wissenschaft und Literatur über diese Frage nachgedacht; aber ein ernstzunehmendes Forschungsgebiet ist erst in den 00er- und 10er-Jahren des 21. Jahrhunderts entstanden. Ohne Zweifel ist die Notwendigkeit vorhanden, das „Verhalten" von Maschinen in den Kontext der Moral zu stellen und Ethiker und Vertreter der Künstlichen Intelligenz (KI) darüber nachdenken zu lassen. Wie sollen Maschinen mit uns umgehen, und wie sollen sie sich entscheiden in Situationen, in denen wir in unserer Identität und in

unserer Existenz bedroht werden? Im Rahmen der Roboterethik kann man auch über das Verhalten gegenüber autonomen Maschinen nachdenken. Objekte der Moral im engeren Sinne – etwa Träger von moralischen Rechten – werden diese aber mit hoher Wahrscheinlichkeit nie werden.

6. *Praktische Implikationen:* Die Informationsethik ist ein relativ junges Gebiet der Ethik. Sie vermag aber recht betagte Bereichsethiken wie die Computerethik einzuschließen. Ihre Anwendungsbereiche vermehren und vergrößern sich Tag für Tag, und es ist zu klären, welches Spezialgebiet für welche Spezialfrage zuständig ist und wie es mit einem anderen Spezialgebiet oder einer anderen Spezialethik zusammenhängt. Definitionen und Systematisierungen helfen dabei, Zuständigkeiten deutlich zu machen und Lücken zu erkennen. Auch der von Kuhlen skizzierte Ablauf für informationsethische Diskurse hat Bedeutung für die Praxis. Und wie in der Praxis verfahren werden soll, ist für die normative Informationsethik, diesen Prüfstein der Informationsgesellschaft, von hoher Relevanz.
(Oliver Bendel)

Inklusion

1. *Allgemein:* Mit dem Ansatz der Inklusion, nach dem englischen Begriff auch Inclusion genannt, will man die Einbeziehung von Personen und die Zusammenarbeit innerhalb von Gruppen sicherstellen. Er ist eng verbunden mit der Diversity, im Deutschen auch Diversität genannt, also mit dem Versuch, Vielfalt zu erkennen und zu fördern, Benachteiligung zu vermindern und Chancengleichheit zu erreichen.

2. *Hintergrund:* In Unternehmen und Hochschulen wird Inklusion wie Diversität in Strategien und Richtlinien verankert. Gleichstellungsbeauftragte und Diversity-and-Inclusion-Abteilungen kümmern sich um die Erfüllung von Verpflichtungen und Bestimmungen und die Ahndung von Verstößen. Sie wirken im besten Falle integrierend,

indem sie neben den Unterschieden und Besonderheiten die Gemeinsamkeiten von Personen und Gruppen betonen.

3. *Kritik und Ausblick:* Inclusion wurde wie Diversity nicht nur als gesellschaftliche Pflicht, sondern auch als wirtschaftliche Chance erkannt. Im Zuge der Identitätspolitik tragen Anstrengungen im Bereich der Diversity allerdings auch zur Separierung bei. Die Inclusion kann dies wiederum, verknüpft mit Überzeugungen eines Universalismus, ein Stück weit ausgleichen. Die Ethik bringt Gleichberechtigung, -behandlung und -stellung im Kontext von Diversity und Inclusion mit der Idee der Gerechtigkeit in Beziehung.

(Oliver Bendel)

Integrität

Integrität basiert auf handlungsleitenden Werten und Prinzipien, die sich Akteur A selbst gibt und – ggf. auch unter schwierigen Bedingungen – umsetzt. In Bezug auf Unternehmen ist Integrität das auf Erfahrungen und Erwartungen gestützte Ansehen bzw. Vertrauen, das ein (korporativer) Akteur A bei anderen Akteuren B (C, D usw.) hat hinsichtlich der Berücksichtigung der berechtigten Interessen von B. Diese Interessen basieren auf der Erwartung der Einhaltung von Verträgen, von formellen und informellen Regeln sowie der Erfüllung der von A abgegebenen Versprechen. Aufbau und Erhalt von Integrität sind eng mit der Übernahme von Verantwortung verbunden.

(Nick Lin-Hi, Andreas Suchanek)

K

Kinderarbeit

Kinderarbeit bezeichnet die gewerbliche Beschäftigung von Kindern. Oftmals wird von Kinderarbeit gesprochen, wenn die Beschäftigten jünger als 15 Jahre alt sind. Obgleich in nahezu allen Ländern der Erde Gesetze existieren, welche Kinderarbeit verbieten, so ist diese nach wie vor anzutreffen. Auf der einen Seite widerspricht Kinderarbeit normativen Idealen, auf der anderen Seite ist aber auch zu berücksichtigen, dass Kinder in einigen Ländern bisweilen für Familien eine wichtige, teilweise auch existenzielle Erwerbseinkommensquelle darstellen. Dies bedingt es, dass die ethische Bewertung von Kinderarbeit von verschiedenen Faktoren abhängt, darunter die Art der Beschäftigung, körperliche Belastungen sowie Gefährdungen. In diesem Zusammenhang ist auch der Begriff der „ausbeuterischen Kinderarbeit" zu finden, mit welchem der Ansatz verbunden ist, Kinderarbeit differenzierter betrachten zu können. Jenseits der ethischen Bewertung im Einzelfall gilt, dass Kinderarbeit nicht nur mit Blick auf das Wohl von Kindern problematisch ist, sondern langfristig auch gesellschaftliche Nachteile bedingt, unter anderem aufgrund damit verbundener

© Der/die Autor(en), exklusiv lizenziert durch Springer Fachmedien Wiesbaden GmbH, ein Teil von Springer Nature 2022
O. Bendel et al., *110 Keywords Wirtschaftsethik*,
https://doi.org/10.1007/978-3-658-36385-7_10

geringerer oder unterbliebener Schulbildung sowie der hieraus erwachsenen gesamtwirtschaftlichen Konsequenzen.
(Nick Lin-Hi, Andreas Suchanek)

Klassismus

1. *Allgemein:* Klassismus (engl. „classism") ist eine abschätzige, abwertende Haltung (von Vertretern) einer sozialen Klasse gegenüber (den Vertretern) einer anderen, als niedriger eingestuften sozialen Klasse. Es besteht eine Nähe zu Speziesismus, Rassismus und Sexismus, wo ebenfalls Diskriminierung stattfindet. Der soziale Aufstieg stellt ein mögliches Ziel der Benachteiligten dar, wobei er wiederum zum Klassismus beitragen kann. Die moderne Klassismustheorie stammt vom Wirtschaftswissenschaftler Chuck Barone.

2. *Beispiele:* Der Klassismus kann nach Chuck Barone auf einer Makro-, Meso- und Mikroebene verortet werden. Entsprechend geht er von einem Politik-, Rechts- oder Wirtschaftssystem, von Gruppen, die sich der Macht der Medien versichern, oder von Individuen mit Klassenbewusstsein (dem Bewusstsein ihrer privilegierten Klasse) aus. In ihm manifestieren sich – wie bei Speziesismus, Rassismus und Sexismus – problematische Herrschafts- und Machtverhältnisse. Zugleich ist er ein Kampfbegriff von Betroffenen und Nichtbetroffenen, um Aufmerksamkeit zu erregen.

3. *Kritik und Ausblick:* Eine Diagnose des Klassismus kann das Klassenbewusstsein (das Bewusstsein einer unterprivilegierten Klasse) stärken. Sie mag aber auch Teil der Identitätspolitik sein, die von der Identität von Einzelnen und Gruppen ausgeht und kaum etwas zur Problemlösung in einem Klassenkampf des 21. Jahrhunderts beisteuert. Soziologie, Psychologie und Ethik (unter anderem Wirtschafts- und Politikethik) widmen sich den Herausforderungen. So ist die Haltung von Einzelnen und Gruppen zu anderen Klassen eine Frage der Moral, ebenso das System der Ab- und Ausgrenzung.
(Oliver Bendel)

Klimaschutz

1. *Allgemein:* Unter den Begriff des Klimaschutzes fallen Maßnahmen, die der Erderwärmung und einem damit verbundenen Klimawandel entgegenwirken. Man spricht von einer Zwei-Grad-Grenze, die nicht überschritten werden darf (etwa gemäß Pariser Klimaschutzabkommen). Vor allem geht es um die Reduktion von Kohlenstoffdioxid, das erheblich zur globalen Erwärmung beiträgt. Wichtige Maßnahmen wären Bevölkerungsbegrenzung, Eindämmung von Flug- und Autoverkehr und Abschaffung bzw. Einschränkung von Nutztierhaltung. Klimaschutz hängt mit Umwelt-, Natur- und Tierschutz zusammen.

2. *Entwicklung:* Im 20. und 21. Jahrhundert gab es immer wieder Bewegungen, die Umwelt-, Natur- und Klimaschutz stärken wollten. Sie führten ethische, ästhetische, ökonomische und ökologische Gründe an. Standen früher die Zerstörung der Landschaft, das Waldsterben und die Verschmutzung von Gewässern und Böden im Vordergrund, widmet man sich heute in erster Linie den Folgen der Erderwärmung und dem Plastikmüll. Greta Thunberg, eine 2003 in Schweden geborene Klimaschutzaktivistin, wurde ab 2018 zum Vorbild nicht nur der Jugend.

3. *Kritik und Ausblick:* Die rationalen Erkenntnisse der Wissenschaft stehen im Widerspruch zu den praktischen Anstrengungen von Politik und Wirtschaft. Aber auch die Fortpflanzungswilligen, die Fortbewegungswütigen und die Fisch- und Fleischesser, um es pointiert auszudrücken, scheinen ihr Verhalten kaum ändern zu wollen, zumal es zu ihrem persönlichen Glück beizutragen scheint. Die Menschheit ist offenbar nicht in der Lage, die notwendigen Maßnahmen zu ergreifen. Politik-, Wirtschafts- und Umweltethik können die Probleme diskutieren. Lösen kann sie höchstens, so die Meinung mancher Experten, das Recht.

(Oliver Bendel)

Konsensethik

1. *Begriff:* Unter der Bezeichnung Konsensethik lassen sich eine Reihe von unterschiedlichen, gegenwärtig bedeutsamen ethischen Ansätzen subsumieren. Eine Konsensethik begründet moralische Normen auf dem Konsens bzw. der Zustimmung derer, für die sie jeweils als verbindlich gelten. In kognitivistischen Versionen (Ethik) wie der Diskursethik oder der Gerechtigkeitstheorie von Rawls (Gerechtigkeit) werden die Begründungen zu einem Erkenntnisproblem; in den – weiter verbreiteten – nichtkognitivistischen Varianten wird moralisches Sollen auf menschliches Wollen zurückgeführt, dem per Konsens moralische oder rechtliche Restriktionen auferlegt werden, sodass Normen als kollektive Selbstbindungen verstanden werden.

2. *Bedeutung:* Ähnlich wie beim Utilitarismus liegt die Bedeutung der Konsensethik in dem programmatischen Verzicht auf jede dem Menschen externe Instanz zur Moralbegründung (Ethik). Stärker noch als im Utilitarismus wird in der Konsensethik Moral als Instrument zur Lösung gesellschaftlicher Probleme betrachtet.

3. *Konsens:* Die Problematik des Konsenses lässt sich am Modell des Gesellschaftsvertrages erörtern.

a) *Neuere Vertragstheorie:* Während die *klassische Konzeption des Gesellschaftsvertrages* (Hobbes, Locke, Rousseau, Kant) auf eine Begründung des Staates bzw. staatlicher Herrschaft gerichtet war, zielt die neuere Vertragstheorie auf die Begründung allgemeiner, politisch-ethischer Prinzipien und Normen.

(1) *Privat- und Gesellschaftsvertrag:* Das Modell des Gesellschaftsvertrages ist der *Privatvertrag:* Aufgrund freier Entscheidung erlegen sich die Beteiligten wechselseitig Rechte und Pflichten auf. Der *Gesellschaftsvertrag* gilt seit Kant als Gedankenexperiment; es handelt sich um einen hypothetischen Vertrag, nicht um einen faktischen, wenn auch empirische Zustimmung in expliziter Form – Wahlen, öffentliche Diskurse – und/oder impliziter Form – Verbleib, Befolgung, „konkludentes Handeln" – von großer Bedeutung ist.

(2) *Bestandteile der Theorie des Gesellschaftsvertrages:* (a) Zustand vor dem Vertrag („status naturalis", Naturzustand, Urzustand, Original Position),

(b) Vertragsschluss und (c) Zustand nach dem Vertragsschluss („status civilis", Gesellschaftszustand). Die Prinzipien und Normen von (c) bilden das Ziel der Ableitung. Bei (b) ist allein die kalkulierende Vernunft am Werk. Somit hängt (c), seine Rechtfertigung und seine Bestimmungen, von der Modellierung des Naturzustandes und deren Plausibilität ab. Dabei wird die Frage zentral, wie Normativität in diese Ableitung eingebracht wird. Sieht man einmal von Nozick ab, der insofern kein strenger Vertragstheoretiker ist, als sich sein (Minimal-)Staat als unbeabsichtigtes Nebenprodukt anderer intendierender individueller Handlungen ergibt, wiederholen sich die grundlegenden Alternativen der klassischen Gesellschaftsvertragstheorien von Hobbes, Locke und Kant unter den veränderten Bedingungen der Gegenwart bei Buchanan, Gauthier und Rawls.

b) *Rawls* erlegt der ökonomisch kalkulierenden Vernunft explizit normative Bedingungen im Naturzustand (Original Position) auf: Er verbirgt hinter dem „Schleier des Nichtwissens" (Veil of Ignorance) alle jene individuellen Bestimmungen, die dem Entscheidungssubjekt eine Zuschneidung der Gerechtigkeitsgrundsätze auf den eigenen Vorteil erlauben würden (z. B. Präferenzen, soziale Stellung, besondere Fähigkeiten), und „erzwingt" durch diese Modellierung die Unparteilichkeit.

c) Bei *Buchanan* gibt es wie bei Hobbes im Naturzustand keinerlei Rechte. Er will insofern „realistischer" sein als Hobbes, als die Akteure im Naturzustand keineswegs gleich stark sind. Motor des Vertragsschlusses ist die Aussicht aller auf Kooperationsgewinne, die durch Recht und Rechtsschutzstaat (Protective State) alle, also die „Schwachen" und die „Starken", besserstellen können. Ergebnis ist der *Verfassungsvertrag,* in dem aber immer die ungleichen Naturzustandspositionen – auch nach Neuverhandlungen, die von Zeit zu Zeit nötig werden – einen Niederschlag finden. Außer Rechtsschutz produziert der Staat als Leistungsstaat (Productive State) auch öffentliche Güter, und insofern sind wohlfahrtsstaatliche Maßnahmen vorgesehen. Auch Buchanan kommt ohne *normative Elemente* nicht aus: das strikte Konsenserfordernis, das „Postulat" des normativen methodologischen Individualismus, die Fokussierung auf Regeln statt Einzelergebnisse etc. sind normative Setzungen, die gegebenenfalls weiter begründet werden müssen, wenn sie nicht akzeptiert werden.

d) *Gauthier* geht, anders als Rawls und in Übereinstimmung mit Buchanan, zentral vom Gefangenendilemma aus und begründet den Konsens über grundlegende Regeln und Normen mit den Kooperationsgewinnen, die für alle Beteiligten und Betroffenen winken: Aus individuellen Vorteilskalkulationen erlegen alle Akteure ihrem Handeln moralische Beschränkungen auf. Diese haben aber bei Gauthier nicht den Charakter äußerlicher, institutioneller Sanktionen wie bei Buchanan, vielmehr werden sie als Dispositionen von Individuen internalisiert. Es handelt sich um Einstellungen, denen der Einzelne folgt. Moralisch gebändigte Vorteilsmaximierung (Constrained Maximization) lautet sein Programm. Die Frage, ob und ggf. mit welchem Gewicht jeder Einzelne einbezogen wird, beantwortet Gauthier mit dem Rückgriff auf Locke, der jedem Menschen schon im Naturzustand elementare Rechte zugesprochen hatte.

e) Die Konsensethik begründet Moral im Konsens aller. Im Unterschied zum Utilitarismus steht in der Form des ursprünglichen Vetorechts jedes (potenziellen) Vertragspartners die *Autonomie* der *Person* an der Spitze der Theorie. Nur mit ihrer Zustimmung können dann moralische Normen etabliert werden, die den einzelnen auch in den Fällen binden, in denen eine Verletzung der Norm ihm im Einzelfall größere Vorteile bringen würde.

4. *Handlungsmotivation:* Die Konsensethik unterscheidet zwischen der Zustimmung zu Normen und ihrer Befolgung. Letztere wirft angesichts vielfältiger empirischer Einschränkungen (Knappheit, Konflikte) eigene Probleme auf. Der *Diskursethik* (Apel, Habermas) geht es primär um Begründungsprobleme; die theoretische Einsicht in die Gültigkeit elementarer Normen hat lediglich die schwach motivierende Kraft des besseren Arguments; erst neuerdings wendet sie sich *Fragen der Implementation* von Normen in der modernen Gesellschaft zu und stellt die Bedeutung vor allem des Rechts heraus. Rawls hält die *Vorteilskalkulation à la Hobbes* für die Phase der Entwicklung einer öffentlichen Moral, genauer Gerechtigkeitsvorstellung, für hilfreich; aber eine solche auf ökonomische Kalküle gestützte Moral bleibt prekär, und sie muss in einen dauerhaften und über die Gesellschaft verbreiteten „Gerechtigkeitssinn" überführt werden, der dann so autonom wird, dass er der Stützung durch Vorteile entbehren kann. Dasselbe will Gauthier für

die *individuelle moralische Einstellung* erreichen: Unabhängigkeit der konkreten Entscheidungen von aktuellen Vorteilskalkulationen. Auch Buchanan und die Nachfolger sehen eine relative Unabhängigkeit einzelner Entscheidungen von aktuellen Vorteilskalkulationen als den Sinn von Moral an. Sie machen allerdings geltend, dass die individuelle Motivation, moralischen Normen zu folgen, gesellschaftlich nur so lange erwartet werden kann, wie die Akteure nicht systematisch und auf Dauer mit (schweren) Nachteilen zu rechnen haben: Vorteile bleiben hier die auf Dauer notwendige Bedingung für moralische Einstellungen in der Gesellschaft.

5. *Moral als Grund von Freiheit:* Moralische Normen werden von den Akteuren oft, besonders in Konfliktfällen, als unerwünschte Handlungsbeschränkungen erfahren. Die Konsensethik macht deutlich – das ist vielleicht das stärkste Argument zu ihren Gunsten –, dass individuelle Freiheit durch gemeinsame Handlungsbeschränkungen erweitert und sogar erst etabliert wird. Im Chaos des „Krieges aller gegen alle" gibt es keine Verlässlichkeit wechselseitiger Verhaltenserwartungen: Die möglichen Kooperationsgewinne (Potential Gains) lassen sich nur durch Erwartungssicherheit stiftende Regeln aneignen. Im Wege kollektiver Selbstbindung geltende Handlungsbeschränkungen schaffen und erweitern Handlungsmöglichkeiten, d. h. Wohlstand und individuelle Freiheit.

(Andreas Suchanek, Nick Lin-Hi)

Konsumentenethik

1. *Allgemein:* Konsumentenethik ist eine Form der Wirtschaftsethik, die sich auf Konsumenten als Akteure bezieht. Eine zentrale Funktion kommt der primären Verantwortung zu. Die Verbraucher sollen Verantwortung gegenüber sich selbst, gegenüber der Umwelt und in Bezug auf Unternehmen tragen. Neben die Konsumentenethik tritt die Ethik für Produzenten und Investoren; darüber hinaus muss sich z. B. der Einzelhandel verantwortungsbewusst zeigen. Mit solchen Akteuren beschäftigt sich die Unternehmensethik.

2. *Formen der Verantwortung:* Verantwortung gegenüber sich selbst bedeutet, dass der Konsument sich als freier und mündiger Mensch für oder gegen Produkte und Dienstleistungen entscheidet. Auch das Verhältnis zum eigenen Körper bzw. zur eigenen Gesundheit spielt eine Rolle. Verantwortung gegenüber der (natürlichen) Umwelt impliziert, dass der Konsument die Produktionsbedingungen und ihre Folgen für die Umwelt kennt und geeignete Produkte auswählt oder meidet. Verantwortung in Bezug auf Unternehmen, etwa Industrie und Einzelhandel, drückt sich darin aus, dass der Konsument im Wissen um die Produktions- und Arbeitsbedingungen sein Verhalten anpasst und Einfluss nimmt.

3. *Kritik und Ausblick:* Moralische Fragen sind für Konsumenten von großer Bedeutung. Der Boom des sogenannten Fairen Handels und der Trend zu biologischen Produkten und nachhaltigen Konzepten sind Indizien dafür. Die vegetarische und vegane Ernährung breitet sich aus, weil die Verbraucher auf sich selbst und ihre (natürliche, belebte) Umwelt achten. Obwohl die Konsumenten gemeinschaftlich über eine enorme faktische Macht verfügen, ist es fraglich, ob sie individuell eine sekundäre oder gar tertiäre Verantwortung haben, also zur Verantwortung zu ziehen bzw. haftbar zu machen sind. Ihrer Verantwortung sind schon insofern Grenzen gesetzt, als sie manipuliert werden und nicht alle über ausreichend Zeit und Geld verfügen. Verbraucherzentralen und Einrichtungen für den Konsumentenschutz versuchen zur Informiertheit und Mündigkeit beizutragen.
(Oliver Bendel)

Korruption

Vertrags- bzw. normwidriges Verhalten eines Agenten gegenüber seinem Prinzipal aufgrund der Entgegennahme von Geld oder Sachleistungen durch einen Dritten, der sich davon Vorteile durch den Agenten erhofft. Aus wirtschaftsethischer Sicht ist Korruption, auch aufgrund der Verletzung des Vertrags zwischen Prinzipal und Agenten, als unethisches Verhalten zu bewerten. In der Praxis ist es nicht immer einfach, darüber

zu entscheiden, ab wann eine Handlung als korrupt anzusehen ist, zumal Korruption kulturell unterschiedlich interpretiert wird. Aufgrund vorliegender Dilemmastrukturen kann Korruption nur in Grenzen auf individueller Ebene gelöst werden, sodass die effektive Bekämpfung vor allem auf kollektiver Ebene ansetzt. Korruption kann somit als ordnungspolitische Herausforderung verstanden werden. In vielen Ländern wurden die (politische) Maßnahmen zur Bekämpfung von Korruption in den letzten Jahren deutlich intensiviert.
(Andreas Suchanek, Nick Lin-Hi)

Kultur

1. *Allgemein:* Unter Kultur (von lat. „cultura": „Bearbeitung, Anbau, Pflege") wird das vom Menschen materiell und immateriell Geschaffene verstanden, im Gegensatz etwa zur Natur. Landschaften wandeln sich zu Kulturlandschaften, in Forst- und Landwirtschaft wachsen in systematischer und kultivierter Form sowohl Pflanzen als auch Tiere heran (Kulturflächen in Verbindung mit Bodenkultur), Dörfer, Städte, Gewerbegebiete und Industrieanlagen wuchern ebenso wie Straßennetze und Schienenstränge für den Verkehr (Kulturflächen im Zusammenhang mit Siedlungs- und Betriebsflächen). Die Technik bringt Geräte, Maschinen, Roboter und Systeme mit sich, die der Erweiterung menschlicher Handlungsfähigkeit dienen. Die Kulturtechnik der Schrift ermöglicht Literatur und Wissenschaft, und in der Kunst wird man zum Schöpfer um der Schöpfung willen (Geisteskultur). Spezifische Entwicklungen und Nutzungen von Kultur formen die Kulturen (wie die Subkulturen). Die Kulturwissenschaft untersucht die Grundlagen, Merkmale und Folgen der Kultur und der Kulturen.
2. *Kultur und Natur:* Unter der (der Kultur gegenübergestellten) Natur wird der Teil der Welt verstanden, der nicht vom Menschen geschaffen wurde, sondern von selbst entstanden ist. Bei einem engen Begriff ist die Natur der Erde gemeint, die natürliche Umwelt, bei einem weiten die Natur des Kosmos, sodass beispielsweise der Mond und die Sonne dazu zu zählen wären. Die Natur wird von den Naturwissenschaften erforscht, die belebte von der Biologie (einschließlich der Ökologie),

die unbelebte unter anderem von Physik und Geologie. Kultur ist oft ein Eingriff in die Natur. Sie mag ihr die Zivilisation entgegensetzen, in der Grundbedürfnisse einfach und bequem befriedigt werden, und sie kann einerseits die Natur der Zerstörung ausliefern (z. B. durch Exzesse der Wirtschaft), andererseits die Zerstörung durch die Natur verhindern (etwa durch Naturgewalten oder durch giftige Pflanzen und räuberische Tiere). Durch Kultur und Technik wird Natur auch verändert, etwa im Falle von Züchtungen und Zusammenfügungen (bis hin zum Cyborg), und überhaupt erst in bestimmter Weise wahrgenommen (z. B. durch ein Mikroskop oder ein Teleskop).

3. *Schutz der Kultur:* Kulturgüter sind materielle oder immaterielle Güter, die geschützt werden sollen. Dazu zählen bestimmte Bauwerke, Kunstwerke oder Sprachen. In ihrer Gesamtheit sind die Kulturgüter das kulturelle Erbe oder Kulturerbe der Menschheit. Die UNESCO (United Nations Educational, Scientific and Cultural Organization) hilft dabei, das Weltkulturerbe zu bestimmen und zu erhalten. Die materiellen oder immateriellen Güter werden zu diesem Zweck in einer Liste erfasst. Immer wieder ist das Welterbe – das Weltkulturerbe wie das Weltnaturerbe – durch Strömungen und Radikalisierungen in Kulturen (die sich dann gegen andere Kulturen bzw. Religionen richten) bedroht. So zerstörten die Taliban im März 2001 die Buddha-Statuen von Bamiyan, die Anhänger des IS im August 2015 den Baal-Tempel von Palmyra. Auch Kulturen können geschützt werden. So gibt es Naturvölker, die kaum in Kontakt mit Zivilisationen kamen und besondere Sitten und Gebräuche oder Sprachen und Dialekte haben, und Berg- und Inselbewohner mit Traditionen und Trachten, die einen hohen Stellenwerk genießen (Volkskultur).

4. *Kritik und Ausblick:* Der Begriff der Kultur kann verwendet werden, um sich über eine angebliche Unkultur zu erheben, also eine andere Form der Kultur zu missbilligen oder die eigene durchzusetzen (wie im Kulturkampf des 19. Jahrhunderts oder im Aufeinandertreffen von unterschiedlichen Geschmäckern im 19. und 20. Jahrhundert, mit Begrifflichkeiten wie „Kunstbanause" oder „Kulturbanause"), oder über die Natur mit ihren Pflanzen und Tieren, die als primitiv und instinktiv angesehen werden (die Menschen dagegen als reflektierend und rational). Umwelt- und Tierethik können dies thematisieren

und problematisieren, Umwelt- und Tierschutz dem entgegentreten. Technik-, Informations- und Roboterethik widmen sich den Folgen des Einsatzes von Technik bzw. Informations- und Kommunikationstechnologien und (teil-)autonomen Maschinen, Wirtschaftsethik und speziell Unternehmensethik den Abhängigkeiten von Kultur und Wirtschaft und der Tendenz von Konzernen, die Kultur (respektive Ideologie) des Wachstums als Raubbau an der Natur zu zelebrieren.
(Oliver Bendel)

L

Leben

1. *Allgemein:* Das Leben entstand mit der chemischen Evolution und bildete sich dann im Zuge der biologischen Evolution (auch einfach Evolution genannt) weiter aus. Lebewesen sind zum Leben fähige Einheiten, sogenannte Organismen, die unter anderem zu den Bakterien, Pilzen, Pflanzen und Tieren zählen. Die Biologie (gr. „bíos": „Leben") erforscht das Leben bzw. Lebewesen, zusammen mit der Chemie, einer weiteren Naturwissenschaft. Zu den Lebenswissenschaften gehören zudem Medizin, Agrartechnologie und Ernährungswissenschaften. Das Leben auf der Erde benötigt Ribonukleinsäure (RNA) und Desoxyribonukleinsäure (DNA), die Informationen zur Entwicklung von Organismen enthalten. Dass es Leben auf anderen Planeten gibt, ist wahrscheinlich, aber nicht gesichert. Neben dem naturwissenschaftlichen Begriff des Lebens existiert der sozial- und geisteswissenschaftliche. Im allgemeinen Sprachgebrauch geht es häufig einfach um Lebenszeit und -alter des Menschen (oder des Tiers).

© Der/die Autor(en), exklusiv lizenziert durch Springer Fachmedien Wiesbaden GmbH, ein Teil von Springer Nature 2022
O. Bendel et al., *110 Keywords Wirtschaftsethik,*
https://doi.org/10.1007/978-3-658-36385-7_11

2. *Leben und Tod:* Mit dem Leben der Individuen ist in der Regel der Tod verbunden, die Auslöschung geistiger und mit der Zeit – im Zuge der Verwesung – auch körperlicher Zustände. Man spricht von einem Kreislauf der Natur, vom Entstehen und Vergehen. Die Angst der Menschen vor dem Tod und der Austausch darüber in Familien und Gesellschaften sowie der Aufbau von Machtstrukturen münden in religiöse Vorstellungen und Vorschriften zu einem Leben vor dem und nach dem Tod und in technische Ideen zu einem ewigen Leben, wie sie bei Transhumanisten verbreitet sind. Soziale Roboter mögen animaloid oder humanoid gestaltet sein und Eigenschaften von Lebewesen simulieren, sind aber nicht im eigentlichen Sinne sterblich: Sie verlassen nicht die Welt, sondern werden zu Schrott. Die Angst des Tiers vor dem Tod führt zu Fluchtbewegungen, Schutzmaßnahmen und Kampfhandlungen. Unsterblichkeit oder zumindest extreme Langlebigkeit wird einigen wenigen Lebewesen nachgesagt, etwa Turritopsis nutricula, einer Quallenart, oder Hydra, also Süßwasserpolypen.

3. *Leben und Wirtschaft:* Der Mensch muss seine Ernährung sicherstellen, um seinen Energiebedarf zu decken und damit sein Überleben zu ermöglichen. Bereits Jäger, Sammler und Hirten bilden traditionelle Formen der Wirtschaft aus, die auf die Beschaffung von Essen zielen. Die Landwirtschaft fördert die Sesshaftigkeit, insofern Bauern ihre Felder wiederholt bestellen wollen und Flächen zunehmend begehrt und besetzt werden. Wasser wird sowohl direkt konsumiert als auch zur Bewässerung verwendet. Die Erwerbswirtschaft ist vom Austausch von Waren bestimmt, oft über größere Distanzen hinweg, und führt nach und nach zur globalen Wirtschaftswelt. Der Händler wird zu einer zentralen Figur. Er gestattet ein abwechslungsreiches Leben selbst in abgelegenen Gegenden und gleicht die Lebensformen und -träume in der Welt ein Stück weit an.

4. *Kritik und Ausblick:* Die Philosophie stellt in der Ontologie die Frage nach dem Sein bzw. Seienden und damit auch nach dem Leben. Die Naturphilosophie hat eine Nähe zur Ontologie und erforscht zusammen mit der Philosophie der Biologie, der Philosophie der Chemie und der Philosophie der Physik die Prinzipien der belebten und unbelebten Natur. Bereits Leukipp und Demokrit haben eine Atomtheorie entwickelt und Leben auf anderen Planeten für möglich

gehalten. Die Ethik untersucht Voraussetzungen, Eigenschaften und Folgen eines guten Lebens und interessiert sich in diesem Zusammenhang für Lust, Glück und Glückseligkeit. Sie kann sich wie andere Disziplinen der Frage nach dem Sinn des Lebens widmen, die allerdings nicht unbedingt sinnvoll ist. Das Leben auf der Erde ist vor knapp vier Milliarden Jahren entstanden und wird vielleicht noch sechs Milliarden Jahre bestehen, bis zum Erlöschen der Sonne, doch in welcher Form, steht in den Sternen.
(Oliver Bendel)

Lebewesen

1. *Allgemein:* Lebewesen sind zum Leben fähige Einheiten, auch als Organismen bekannt, die u. a. zu den Bakterien, Pilzen, Pflanzen und Tieren zählen. Sie haben einen eigenen Stoffwechsel und sind zur Fortpflanzung imstande. Im Zuge der Evolution haben sich Trillionen von Individuen und Millionen von (Unter-)Arten entwickelt. Viren wie HIV oder SARS-CoV-2 gehören nicht zu den Lebewesen, sind jedoch auf deren Stoffwechsel angewiesen. Die Biologie (gr. „bíos": „Leben") erforscht das Leben bzw. Lebewesen, zusammen mit der Chemie, einer weiteren Naturwissenschaft, die ebenso (wie die Physik) auf die unbelebte Natur zielt. Dass es Lebewesen auf anderen Planeten gibt, in welcher Form auch immer, ist wahrscheinlich, doch keineswegs gesichert.
2. *Lebewesen und Wirtschaft:* Die Wirtschaft hat über Jahrtausende tierische und menschliche Lebewesen für Vorbereitung, Herstellung, Vertrieb und Entsorgung benötigt. Freiwillige und unfreiwillige Arbeitskräfte (Sklaven bzw. Nutz- und Lasttiere) stehen in Arbeitsprozessen zur Verfügung. Wild- und Nutztiere werden gefangen, gezüchtet, gehalten und getötet, um Rohstoffe, Kleidungsstücke oder Nahrungsmittel aus ihnen zu gewinnen. In der Industrie 4.0 werden Menschen durch Industrieroboter ersetzt oder ergänzt. Serviceroboter übernehmen Aufgaben in Alten- und Pflegeheimen und in Hotels. Als Endverbraucher und Interaktionspartner (bzw. Datenlieferant) ist nach wie vor das Lebewesen gefragt.

Das Geschäft mit dem Tod (und mit dem Leben) beherrschen religiöse Organisationen ebenso wie Bestattungsunternehmen und Versicherungen.

3. *Kritik und Ausblick:* Die Philosophie stellt in der Ontologie die Frage nach dem Sein bzw. Seienden und damit auch nach dem Leben und dem Status der Lebewesen. Die Wirtschaftsethik widmet sich dem Umstand, dass menschliche Arbeitskräfte mehr und mehr durch Industrie- und Serviceroboter, also Nichtlebewesen, substituiert werden. Sie sieht einerseits Risiken für den Lebensunterhalt und die Sinnstiftung (trotz der Entfremdung von der Arbeit), andererseits Chancen für die Lebensgestaltung. Technikethik, Informationsethik und Roboterethik untersuchen die Folgen des Einsatzes von Technik bzw. Informations- und Kommunikationstechnologien und (teil-)autonomen Maschinen, auch mit Blick auf Bodyhacking. Gen- und biotechnische Eingriffe und Entwicklungen, bis hin zu Chimären, sind der Gegenstand der Bioethik.

(Oliver Bendel)

Legitimität

Legitimität ist eine Eigenschaft von Handlungen, Akteuren oder Institutionen (sowohl im Sinne von Normen als auch von Organisationen), die deren gesellschaftliche Akzeptabilität oder Anerkennungswürdigkeit ausdrückt. An sich aus dem Kontext der Politik bzw. der politischen Herrschaft stammend, wird die Frage der Legitimität zunehmend wichtig für grenzüberschreitend tätige Organisationen, insbesondere global operierende Unternehmen.

Ihre Bedeutung gewinnt diese Eigenschaft dadurch, dass sie dort relevant wird, wo Einzelnen zugemutet wird, Nachteile hinzunehmen, sie diese Nachteile jedoch akzeptieren sollten, sofern die verursachende Handlung oder Norm als legitim gilt.

Zum Problem wird Legitimität heute auch dadurch vermehrt, dass die Quellen und Strukturen, die die Grundlage von Legitimität sind, nicht immer geklärt, verstanden, geteilt oder anerkannt werden.

(Andreas Suchanek, Nick Lin-Hi)

Liebespuppen

1. *Allgemein:* Liebespuppen (engl. „love dolls") unterscheiden sich von klassischen Gummipuppen durch ihre lebensechte Gestaltung. Sie haben Kopf und Körper, die täuschend echt anzusehen sind. Sie haben künstliche Haut, unter der sich Gel befindet, sodass sich ihre Gliedmaßen echt anfühlen. An ausgewählten Stellen erwärmen sie sich oder sondern Flüssigkeit ab. Metallskelette erlauben unterschiedliche Positionen. Man kann Liebespuppen kaufen, um sie zu Hause zu benutzen, man kann sie mieten, stunden- oder tageweise, oder in speziellen oder normalen Etablissements antreffen. Die meisten von ihnen sind Mädchen und Frauen nachempfunden, nur wenige dem männlichen Geschlecht.

2. *Merkmale:* Man stattet Liebespuppen zuweilen mit künstlicher Intelligenz und Sprachfähigkeit aus und ermöglicht ihnen das Bewegen der Augen und der Lider. Damit werden sie nach und nach zu Sexrobotern – die Unterschiede verwischen, wie bei Harmony, einer vielseitig begabten Figur aus den USA. Die lebensechte Gestaltung kann in der Gesamtschau im Einzelfall infrage gestellt sein. Das Wunschdenken einiger Hersteller und Nachfrager führt zu übergroßen Brüsten und superschlanken Taillen. Zudem sind Mangamädchen mit riesigen Augen und Elfenfiguren mit spitzen Ohren auf dem Markt bzw. in den Bordellen vorzufinden.

3. *Kritik und Ausblick:* Anscheinend werden Fantasy- und Comicfiguren von manchen „Freiern" gezielt gesucht bzw. bevorzugt. Wie weit die Abweichung vom Menschen gehen darf, ist weitgehend unerforscht. Ist jemand bereit, sich sexuell mit Daisy Duck oder Minnie Mouse einzulassen? Es könnte sein, dass für die Mehrheit hier eine Grenze überschritten wäre, zumal es sich für Erwachsene vielfach um Figuren aus der Kindheit handelt. Auch andere Aspekte werden diskutiert, etwa die Frage, ob Liebespuppen und Sexroboter die Einstellung von Männern zu Frauen in negativer Weise verändern oder ob sie eine therapeutische Wirkung entfalten können. Informations- und Roboterethik untersuchen Chancen und Risiken des Einsatzes, Maschinenethik und Ethics by Design die Potenziale angepasster Artefakte.
(Oliver Bendel)

LOHAS

Abkürzung für „Lifestyle of Health and Sustainability". Als LOHAS werden Personen bezeichnet, welche einen nachhaltigen Lebensstil pflegen und besonderen Wert auf die Aspekte Gesundheit, Umwelt und Soziales legen. Besonders ist, dass LOHAS den nachhaltigen Lebensstil nicht im Sinne von Verzicht interpretieren, sondern als guten und bewussten Konsum. Als Verbraucher verfolgen LOHAS den Ansatz des nachhaltigen Konsums.

LOHAS verfügen über eine überdurchschnittliche Bildung und ein überdurchschnittliches Einkommen, was sie zu einer hochinteressanten Zielgruppe für Unternehmen macht. Bis zu ein Drittel der Konsumenten in der westlichen Welt kann den LOHAS potenziell zugerechnet werden.

(Nick Lin-Hi)

M

Macht

Im weiten Sinne bezeichnet Macht die Möglichkeit von Personen oder Organisationen, eigene Ziele durch Einsatz entsprechender Mittel verfolgen zu können. Im engeren Sinne ist Macht nach Max Weber die Chance, „innerhalb einer sozialen Beziehung den eigenen Willen auch gegen Widerstreben durchzusetzen, gleichviel worauf diese Chance beruht". Der rechte Gebrauch von Macht ist ein zentrales Thema der Ethik seit der griechischen Philosophie. Bis in die gegenwärtige Wirtschaftsethik lassen sich *zwei grundlegende Alternativen des Umgangs mit* Macht unterscheiden.

a) Die Konzeption, die auf *Platon* zurückgeht, hält Macht für erwünscht zur *Verwirklichung sittlicher Ziele* bzw. – in der schwächeren Variante – für unvermeidlich, und sie versucht, die mit Macht offensichtlich verbundenen Gefahren durch die individuelle Moral der Mächtigen (Bindung an die Gerechtigkeit) unter Kontrolle zu halten: So begegnet man heute in der Wirtschaftsethik der Forderung nach einer „Ethik der wirtschaftlichen Macht".

O. Bendel et al., *110 Keywords Wirtschaftsethik*,
https://doi.org/10.1007/978-3-658-36385-7_12

Diese Vorstellung mündet mehr oder weniger offen in totalitäre Gesell-schaftsmodelle oder in paternalistische, hierarchische Führungs-konzeptionen für Unternehmen und Organisationen. Die moralische Bändigung der Macht soll oft durch entsprechende Erziehung der Machthaber (seit Platon) und durch moralische Appelle, teils mit Hin-weis auf die Verantwortung des Mächtigen, gefördert werden.

b) Die andere Konzeption versucht, Macht durch entsprechende institutionelle Vorkehrungen zu domestizieren und/oder abzu-bauen. Diese Strategie steht Pate bei der *Entwicklung des modernen republikanischen bzw. demokratischen Staates:* Bindung des Fürsten an Recht und Gesetz, Verfassung, Rechtsstaat, Gewaltenteilung und parlamentarische Kontrolle sind die historisch bevorzugten Mittel. Seit Kant spielt die öffentliche Kritik an den Mächtigen eine bedeutende Rolle.

Macht und Wirtschaft: In der Ökonomik wird hervorgehoben, dass die gesamte Sphäre der Privatautonomie die Macht des Staates ein-schränkt und der *Wettbewerb* generell, auch der Wettbewerb zwischen Staaten, Gesellschaften und ihren Ordnungen, machtbegrenzend wirkt. Für Böhm ist der Wettbewerb „das großartigste und genialste Entmachtungsinstrument der Geschichte"; schon ein potenzieller Wettbewerber (potenzieller Wettbewerb) domestiziert Macht. Auf *Unternehmensebene* führt diese Konzeption zu neuen, kooperativen Führungskonzepten, zu Dezentralisierung mit vielen Entscheidungs-zentren, zur Etablierung von Unternehmensverfassungen und zur Entwicklung entsprechender Unternehmenskulturen. Die moderne *Transaktionskostenökonomik* könnte für die wirtschaftsethische Behandlung von Macht systematisch wichtig werden. Im Zentrum steht die Abhängigkeit, in die Interaktionspartner aufgrund trans-aktionsspezifischer Investitionen geraten können. Macht lässt sich kon-zeptualisieren als Fähigkeit eines Partners, die Quasirente des anderen auszubeuten. Rationale Akteure antizipieren das und gehen solche – „an sich" produktive – Interaktionen so lange nicht ein, wie sie nicht durch entsprechende institutionelle Arrangements vor dieser Macht hin-reichend sicher sind.

(Andreas Suchanek, Nick Lin-Hi)

Maschinenethik

1. *Allgemein:* Die Ethik bezieht sich üblicherweise auf die Moral von Menschen, von Individuen und Gruppen, und in gewissem Sinne auf die Moral von Organisationen. Es kann in Abweichung davon auch um die Moral von Maschinen wie Agenten, bestimmten Robotern und bestimmten Drohnen gehen, insgesamt von mehr oder weniger autonomen Programmen und Systemen. Man mag in diesem Fall von einer Maschinenethik sprechen und diese der Informationsethik (bzw. Computerethik und Netzethik) und der Technikethik zuordnen – oder auf eine Stufe mit der Menschenethik stellen. Den Begriff der Moral kann man mit Bezug auf Maschinen genauso hinterfragen wie den Begriff der Intelligenz. Dabei ist zu bedenken, dass „maschinelle Moral" (wie „moralische Maschine") einfach ein Terminus technicus ist, wie eben „künstliche Intelligenz". Der Begriff der Algorithmenethik wird teilweise synonym, teilweise eher in der Diskussion über Suchmaschinen und Vorschlagslisten sowie Big Data verwendet. Die Roboterethik ist eine Keimzelle und ein Spezialgebiet der Maschinenethik als Gestaltungsdisziplin, wenn sie nicht als Reflexionsdisziplin verstanden wird.

2. *Modelle der normativen Ethik:* Die Pflichtethik oder Pflichtenethik bietet sich für die Implementierung von Moral offenbar an. Mit einer Pflicht, einer Regel vermag eine Maschine etwas anzufangen. Zum Beispiel kann man ihr beibringen, die Wahrheit zu sagen (was immer die Wahrheit im jeweiligen Kontext ist). Kann die Maschine mehr, als irgendeine Regel zu befolgen? Kann sie die Folgen ihres Handelns bedenken und in diesem Sinne verantwortlich agieren? Kann sie also einer Folgen- oder Verantwortungsethik verpflichtet sein? Solche Fragen müssen von der jungen Disziplin beantwortet werden, immer mit Blick auf aktuelle technische Entwicklungen. Herauszukristallisieren scheint sich, dass sich klassische Modelle der normativen Ethik, seien sie auf Immanuel Kant oder auf Aristoteles zurückzuführen, für die maschinelle Verarbeitung grundsätzlich eignen.

3. *Anwendungsbereiche:* Chatbots, Agenten und Avatare, die Benutzer unterstützen und vertreten, autonome Systeme an der Börse (Stichwort „Automatisierter Handel" bzw. „Hochfrequenzhandel"), selbstständig

fahrende Autos sowie Kampfroboter und -drohnen eröffnen der deskriptiven und normativen Maschinenethik ein weites Feld und fordern Informations- und Technikethik heraus: Werden wir in unserer Freiheit und in unseren Möglichkeiten eingeschränkt? Wissen wir immer, dass wir es mit Computern zu tun haben, oder werden wir manchmal getäuscht? Werden die einen von Diensten bevorzugt, die anderen benachteiligt? Schaden uns die Maschinen durch Wort und Tat? Wer übernimmt Verantwortung und lässt sich zur Verantwortung ziehen? Müssen sich die Maschinen uns gegenüber moralisch verhalten und wir uns gegenüber den Maschinen?

4. *Kritik und Ausblick:* Die Maschinenethik ist ein Prüfstein für die Ethik. Sie kann neue Subjekte und (zusammen mit der Roboterethik) Objekte der Moral beschreiben und aufzeigen, welcher normative Ansatz jenseits der auf Menschen bezogenen Moralphilosophie sinnvoll ist. Und sie muss klären, wieweit die normativen Modelle maschinenverarbeitbar und -ausführbar sind. In der Meta-maschinenethik werden Menschen- und Maschinenethik und von diesen gebrauchte Begriffe verglichen. Die Anwendungsbereiche der Maschinenethik haben hochrelevante wirtschaftliche und technische Implikationen. Wir brauchen Ethik nicht mehr nur, um unser Zusammenleben zu erfassen und zu überprüfen, sondern auch, um unser Überleben in der Informationsgesellschaft zu sichern. Durch die Industrie 4.0 kann die Maschinenethik einen Bedeutungszuwachs erfahren.

(Oliver Bendel)

Massentierhaltung

1. *Allgemein:* Massentierhaltung, auch intensive Tierhaltung oder Intensivtierhaltung genannt, ist die massenhafte Haltung von Tieren unter beengenden, belastenden und meist nicht artgerechten Umständen. Ursprünglich zielte der Begriff, der ab 1970 von Bernhard Grimek verwendet wurde, auf die Käfighaltung von Legehennen; heute

sind beispielsweise Schweine- und Rinderzucht mit gemeint, insgesamt Formen der nichtextensiven Tierhaltung, die in den 1920er-Jahren begannen. Sinn und Zweck ist unter anderem die industrielle Fleisch-, Leder- und Fellproduktion. Auch bei Fischen kann man bei entsprechender Betriebsgröße von Massentierhaltung sprechen.

2. *Haltungen und Einschätzungen:* Konsumenten lehnen Massentierhaltung oft ab, fördern sie aber meist durch ihr Einkaufs- und Essverhalten. Der Wissenschaftliche Beirat für Agrarpolitik, Ernährung und gesundheitlichen Verbraucherschutz beim Bundesministerium für Ernährung und Landwirtschaft setzt in einem Gutachten den Begriff in Anführungszeichen, hält ihn bei der Bevölkerung für negativ besetzt und behauptet, die Betriebsgröße sei nicht das Hauptproblem. Er (wie ein Großteil der einschlägigen Wissenschaftler) bevorzugt den Begriff der intensiven Tierhaltung, der wiederum als positiv besetzt angesehen werden kann, was angesichts des Leidens der Tiere, der Ausbreitung von Krankheiten und der Umweltschädlichkeit ideologisch anmuten mag.

3. *Kritik und Ausblick:* Die Tierethik begründet die Rechte der Tiere und die Pflichten der Menschen, darunter Hersteller, Händler und Kunden. Die Konsumentenethik thematisiert die Widersprüchlichkeit im Denken und Handeln der Verbraucher beim Fleischkonsum. In der übergeordneten Wirtschaftsethik wird die industrielle Fleischproduktion diskutiert. In der Umweltethik geht es um die Nutzung und Belastung der Umwelt durch Massentierhaltungsbetriebe. Extensive Tierhaltung hat Vorteile gegenüber der intensiven, etwa hinsichtlich des Leidens, beinhaltet bei der Fleischproduktion jedoch ebenso die Tötung des Tiers. In-vitro-Fleisch kann als ein Ausweg aus der Misere angesehen werden, ebenso eine vegetarische oder vegane Lebensweise, die von der Mehrheit der Bevölkerung in Europa freilich abgelehnt wird. Grundsätzlich können Technologien, entstanden aus Forschung im Bereich der Tier-Maschine-Interaktion, und Ansätze wie Animal Enhancement zur Linderung (wie zur Steigerung) des Leidens beitragen.

(Oliver Bendel)

Medienethik

1. *Allgemein:* Die Medienethik hat die Moral der Medien und in den Medien zum Gegenstand. Es interessieren sowohl die Arbeitsweisen der Massenmedien als auch die Verhaltensweisen der Benutzer von sozialen Medien. Zudem rücken Automatismen und Manipulationen durch Informations- und Kommunikationstechnologien in den Fokus, wodurch eine Nähe zur Informationsethik entsteht. Auch zur Wirtschaftsethik sind enge Beziehungen vorhanden, zumal die Medienlandschaft im Umbruch ist und die ökonomischen Zwänge stark sind.
2. *Zentrale Fragen:* Nach Annemarie Pieper beschäftigt sich die Medienethik mit Fragen einer korrekten Information seitens der Journalisten, Redakteure und übrigen Medienschaffenden, die auf der Basis genauer Recherchen und unvoreingenommener Berichterstattung ihrer Wahrheitspflicht nachkommen sollen. Otfried Höffe betont, dass die Medienethik vor allem unter Rückgriff auf das journalistische Berufsethos sowie aus der Perspektive der Medienpädagogik behandelt wurde; ein denkbares Paradigma für eine umfassende Disziplin könne unter Umständen eine journalistische Freiheit nach dem Vorbild der akademischen bilden. Nach Pieper disqualifizieren fingierte Fakten, einseitig selektive Nachrichten, manipulative Maßnahmen und tendenziöse Berichte den Journalismus und stehen daher im Mittelpunkt des Interesses.
3. *Weitere Entwicklung:* Neben den Medienschaffenden spielen immer mehr Maschinen eine Rolle, die Nachrichtenportale füttern und Zeitungen zusammenstellen. Der Matthäus-Effekt scheint in verschiedenen Zusammenhängen zu wirken: Suchmaschinen rücken in der Trefferliste diejenigen Websites nach oben, die bereits viel besucht werden bzw. auf die viel verlinkt wird, Vorschlagslisten und Tag Clouds in Onlinezeitungen und -zeitschriften locken die Leser zu Artikeln, die bereits häufig gelesen wurden. User-generated Content und Berichte von Leserreportern ersetzen den Qualitätsjournalismus, wo er noch vorhanden ist; umgekehrt sind hochwertige neue Angebote im Internet zu finden. Live- oder Real-time-Journalismus scheint das Gebot der Stunde zu sein, führt aber tendenziell zu oberflächlichen Beiträgen. Fake News,

ob von Menschen oder Maschinen erstellt, werden mithilfe von sozialen Medien verbreitet und bestimmen diese mehr und mehr. Die Medienethik muss, zusammen mit Informations- und Wirtschaftsethik, auf diese Umwälzungen reagieren.
(Oliver Bendel)

Medizinethik

1. *Allgemein:* Die Medizinethik hat die Moral in der Medizin zum Gegenstand. Eine empirische Medizinethik – jede Bereichsethik weist einen empirischen und einen normativen Teil auf – untersucht das moralische Denken und Verhalten in Bezug auf die Behandlung menschlicher Krankheit und die Förderung menschlicher Gesundheit. Eine normative Medizinethik befasst sich nach Bettina Schöne-Seifert „mit Fragen nach dem moralisch Gesollten, Erlaubten und Zulässigen speziell im Umgang mit menschlicher Krankheit und Gesundheit". Zudem kann insgesamt der Umgang mit tierischer Krankheit und Gesundheit reflektiert werden.

2. *Zentrale Fragen:* In der normativen Medizinethik kann, frei nach einer Einteilung von Schöne-Seifert, wie folgt gefragt werden:

a) Wie ist die Autonomie von Patienten zu bewerten und zu schützen?

b) Wie steht es um die Zulässigkeit fürsorglicher Fremdbestimmung?

c) Wie soll mit Patientenverfügungen umgegangen werden?

d) Was ist ein lebenswertes Leben und welchen Wert hat das Leben an sich?

e) Wie aktiv oder passiv darf man im medizinischen Kontext sein?

f) Wie weit darf man in die Natur und in den Körper eingreifen?

Mit der Wirtschaftsethik sollte sich die Medizinethik ständig austauschen, schon insofern das Gesundheitswesen unter einem hohen ökonomischen Druck leidet. In angrenzenden Bereichsethiken wie der Altersethik und der Sterbeethik wird z. B. die Kommerzialisierung und Instrumentalisierung von Alterspflege und Sterbehilfe erforscht. Im Zentrum der angewandten Ethik kann man die Informationsethik verorten. Einige Fragen der Medizinethik sind angesichts technologischer Innovationen neu zu stellen: Wie ist die Autonomie von Patienten in der Informationsgesellschaft zu schützen? Wie steht es um die Zulässigkeit fürsorglicher Fremdbestimmung im virtuellen Raum?

3. *Kritik und Ausblick:* Mit der Entwicklung von medizinischen Apps, elektronischen Assistenzsystemen sowie Operations-, Pflege- und Therapierobotern sieht sich die Medizinethik vor neuen Herausforderungen. Auch die Verschmelzung von Mensch und Maschine in sogenannten Cyborgs wird ein wichtiges Anwendungs- und Forschungsfeld sein. Mediziner und Medizinethiker müssen sich informationstechnisch weiterbilden, Informationsethiker sich im Medizinischen und Medizinethischen qualifizieren. Bei Erwerb und Nutzung der Apps, Geräte und Roboter ergeben sich informations- und wirtschaftsethische Herausforderungen, etwa hinsichtlich des Missbrauchs von Daten und des Ausschlusses von Risikopatienten von Versicherungsleistungen. Nicht zuletzt muss sich die Medizinethik gesellschaftlichen und politischen Diskussionen öffnen, beispielsweise solchen um die Beschneidung von Kindern oder die Durchführung von Schönheitsoperationen.

(Oliver Bendel)

Mensch

1. *Allgemein:* Der Mensch gehört zur Gattung Homo, mit der Art des Homo sapiens („verständiger, vernünftiger, kluger, weiser Mensch") und dessen Vorgänger Homo erectus („aufgerichteter, aufrecht gehender Mensch"). Er bewohnt seit Jahrmillionen die Erde und hat nie einen anderen Planeten besucht, wenn man vom Entsenden von Weltraumfähren und -robotern absieht; lediglich auf den Trabanten der Erde, den Mond, hat er seinen Fuß gesetzt. Als Homo oeconomicus maximiert er seinen Nutzen, ist Teil der Wirtschaft, als Produzent, Konsument oder Prosument. Als Homo politicus und Homo sociologicus ist er in ein Staats- und Gemeinwesen eingebunden, in dem er Rechte und Pflichten wahrnimmt und spezifische Handlungen ausführt, die sich auf Regierung, Verwaltung oder Gesellschaft beziehen. Im Homo faber erscheint der ein Handwerk oder eine Kunst ausübende, ein Werkzeug

oder eine Technik schaffende Mensch, der damit seine Umwelt und sich selbst verändert.

2. *Merkmale:* Der Mensch hat sich in einem langen Evolutionsprozess nach der einen Lesart aus dem Tier heraus entwickelt, nach der anderen ist und bleibt er ein Tier. Auf die Frage, was ihn womöglich von diesem unterscheidet, hat man zahlreiche Antworten gefunden, die auf körperliche und geistige Merkmale sowie kulturelle Techniken und künstlerische Fähigkeiten verweisen. Der aufrechte Gang ist ein Beispiel, der Gebrauch von Werkzeug, der allerdings auch im Tierreich zu finden ist, ein anderes, oder die Sprachfähigkeit, die freilich auch in der Tierwelt vorhanden ist; überhaupt muss man sagen, dass sich fast jedes scheinbar eindeutige Merkmal bei längerem Nachdenken und Umschauen relativieren lässt. Man muss konkret werden, um die Grenze sichtbar werden zu lassen, das Anfertigen von Geräten und Maschinen herausgreifen, das Herstellen und Verkaufen von Produkten, das Bezahlen mit Geld, das Schreiben und Unterschreiben.

3. *Moralfähigkeit:* Verknüpft mit dem Menschsein wird vielfach die Moralfähigkeit. Zwar kann man bei (nichtmenschlichen) Tieren vormoralische Qualitäten annehmen, und sie können sich in altruistischer Weise um abhängige und verletzte Lebewesen der eigenen oder einer anderen Art kümmern; sie können sich aber nicht bewusst für eine böse oder gute Handlung entscheiden, sodass man feststellen muss, dass es z. B. keine bösen oder guten Haie oder Hunde gibt. Ob der Mensch als grundsätzlich gut angesehen werden kann, wird oftmals bezweifelt; seine Moral scheint nicht nur ambivalent zu sein, sondern es bestehen auch Dissonanzen zwischen Denken und Verhalten und zwischen Moral und Moralität. Im Ökonomischen wird dies immer wieder sichtbar, sei es in der Zerstörung von Lebensraum, der Ausbeutung von Arbeitskräften oder der Massentierhaltung. Sicherlich lassen sich einige Vorgänge auch mit unterschiedlichen Interessen von Personen und Gruppen erklären, und es würde zu kurz greifen, in jedem Menschen eine gewisse Schizophrenie als Motivation für das erwähnte Destruktive anzunehmen.

4. *Humanismus:* Der Humanismus als gesellschaftspolitisches Programm der Gegenwart betont den Menschen als vernunftbegabtes und in gewisser Weise herausragendes Wesen. Meistens wird das Tier

ausgeblendet, manchmal berücksichtigt, etwa indem Verwandtschaft (zwischen den Lebewesen) und Verantwortung (des Menschen für das Tier) erkannt werden. Der Transhumanismus, an den Humanismus anknüpfend und ihn zugleich überwindend, wirbt für die selbstbestimmte Weiterentwicklung des Menschen, seine biologische, chemische und technische Erweiterung und Verbesserung, und wenn man nicht als Cyborg das ewige Leben erreicht, von dem manche Anhänger träumen, dann vielleicht, so propagieren es einige Wissenschaftler, durch die Sicherung der individuellen Gedankenwelt und des persönlichen Bewusstseins in virtuellen Speichern. Ob der unsterbliche Mensch noch ein Mensch wäre, muss diskutiert werden, und man könnte als wesentliches Merkmal höheren Lebens durchaus die Sterblichkeit des Organismus verstehen. Darüber, ob der nicht dem Tod geweihte Mensch überhaupt noch eine Umwelt antreffen würde, in der er dauerhaft existieren könnte, mag man ebenfalls debattieren.

5. *Kritik und Ausblick:* Die Philosophie fragt mit Immanuel Kant u. a. danach, was der Mensch ist und was er wissen kann. Die Technikphilosophie widmet sich dem modernen Homo faber und den Vorstellungen und Überzeugungen des Transhumanismus und erkundet, wiederum mit dem Königsberger Aufklärer, was man hoffen darf. Die Maschinenethik entdeckt im autonomen System ein neues mögliches (überaus merkwürdiges und unvollständiges) Subjekt der Moral. In Technik- und Informationsethik kann der ausdrückliche Wunsch nach dem Cyborg ein Thema sein, wobei moralische Probleme in den Vordergrund rücken, etwa die Bevorzugung oder Schädigung der eigenen oder einer anderen Person, in Wirtschafts-, Umwelt- und Tierethik der sichtbare Wille, die Welt mit ihren natürlichen Ressourcen umzuformen und zu zerstören, wodurch das (höherentwickelte, nichtmenschliche) Tier, das Interessen und Rechte besitzt, seine Lebensgrundlage verliert, und letztlich auch der Homo oeconomicus seine Wirtschaftsgrundlage. Es sind in der Ethik die Pflichten des Menschen zu untersuchen, nicht nur seinen Mitmenschen und seinen Nachkommen, sondern auch seiner Umwelt gegenüber. Am Ende sollte deutlich werden, ob der Homo sapiens seinem Namen gerecht geworden ist.

(Oliver Bendel)

Methodologie

Wissenschaftstheorie, Metatheorie.
1. *Aufgabe:* Jede Theorie beruht in ihrer Entstehung auf der Anwendung einer bestimmten Methode der Erkenntnisgewinnung. Dabei existieren unterschiedliche Methoden der Theoriegewinnung. Die Methodologie als Wissenschaft von der Wissenschaft systematisiert die Methodenvielfalt und versucht, allgemeingültige und verbindliche Methoden der (wissenschaftlichen) Erkenntnisgewinnung zu entwickeln.
2. *Systematische Gliederung:* a) Die *rationalistische Methodologie* stützt sich auf die Vernunft (Ratio) als Quelle der Erkenntnis. Rationalistische Theorien müssen widerspruchsfrei, präzise, berechenbar und beweisbar sein. Dementsprechend können sie nur durch logische Deduktion aus vorgegebenen Definitionen und Ableitungsregeln (Axiome) gebildet und nur durch den Nachweis des Verstoßes gegen eine der logischen Ableitungsregeln widerlegt werden.

b) Die *empiristische Methodologie* reduziert alle theoretischen Aussagen auf empirisch erfassbare Tatbestände. Empiristische Theorien werden auf induktivem Wege (Induktion) gewonnen, indem durch Schlussfolgerungen aus Einzelbeobachtungen auf die Gesamtheit der Realität allgemeingültige Sätze gebildet werden. Diese Theoriensätze können, wenn sie objektiv überprüfbar sind, durch widersprechende Beobachtungen widerlegt werden. Bei subjektiven empiristischen Methodologien kann nur der Beobachter selbst seine Erkenntnisse revidieren (Phänomenologie) oder die Gültigkeit durch einen historischen Wandel aufgehoben werden (Hermeneutik). Im Rahmen der Deduktion geht es darum, aus Theorien und Hypothesen empirisch überprüfbare Aussagen zu bilden. Die Deduktion kann als Umkehrung der Induktion angesehen werden, was im Rahmen verschiedener Methodenstreite in den Wirtschaftswissenschaften kontrovers erläutert worden ist.

c) Zur *synthetischen Methodologie* zählt z. B. die Hegelsche Methode der Dialektik. Die bedeutsamste synthetische Methodologie ist die Methode des Kritischen Rationalismus, die eine Vereinigung von rational entwickelter Hypothese und empirischen Beobachtungssätzen anstrebt.

d) Eine Ergänzung der genannten Methodologien stellt die *pluralistische Methodologie* dar. Sie akzeptiert die Schwächen und Widersprüche aller Methodologien und propagiert deshalb die freie Wahl einer beliebigen Methode der Theoriegewinnung, ohne einer bestimmten Methodologie einen Anspruch auf Dominanz und alleinige Richtigkeit einzuräumen.

e) In neuerer Zeit werden verstärkt *konstruktivistische Methodologien* diskutiert. Danach werden Theorien nicht als (semantische) „Abbildungen" vorgegebener realer Strukturen verstanden, sondern als „erfundene" Konstrukte, die reale Phänomene beschreiben sollen. Ausgangspunkt jeder Theoriebildung ist nicht die Wirklichkeit, sondern das die jeweilige Theorie konstituierende *Problem* wie etwa das Problem der sozialen Ordnung.

3. *Bedeutung:* Da es keine alleingültige Methodologie zur Theoriengewinnung gibt, kann mit beliebiger Wahl der Methodologien auch eine entsprechende Zahl von (teilweise sich widersprechenden) Theorien entwickelt werden. Damit wird die Möglichkeit der Dogmatik und Schulenbildung im Wissenschaftsbetrieb eröffnet und die Grenze zwischen Theorie und Ideologie verwischt. Daraus folgt das *Problem der Geltung* bzw. *Akzeptanz* von Theorien, in Verbindung mit dem Problem der Abgrenzung derjenigen, deren Theorienakzeptanz bedeutsam ist. Bei der *wirtschaftspolitischen Verwendung wissenschaftlicher Theorien* (allgemeine Wirtschaftspolitik) entsteht dadurch eine Verbindung zwischen dem Träger der Wirtschaftspolitik, der die Anwendung einer bestimmten Theorie akzeptiert, seiner Legitimierung zur Entscheidung darüber und der methodologischen Grundlage der Theorie, die sich letztlich auf das Problem der Auswahl einer bestimmten Ideologie reduziert. Damit wird zum großen Teil erklärbar, warum kommunistisch-totalitäre Staaten die subjektivistisch entwickelte Marxistische Theorie als Grundlage ihrer Wirtschaftspolitik nehmen, während demokratische Staaten zur Anwendung von Theorien neigen, die aufgrund kritisch-rationaler Analysen gewonnen wurden.

(Bernd-Thomas Ramb, Andreas Suchanek, Nick Lin-Hi, Jean-Paul Thommen)

Moral

Moral bezeichnet die normativen Orientierungen (Ideale, Werte, Regeln, Urteile), die das Handeln von Menschen bestimmen bzw. bestimmen sollten, wobei Menschen auf den Verstoß gegen diese Regeln mit Schuldgefühlen reagieren. Die „mores" umfassten *traditionell* das Spektrum von den Konventionen bis zu sanktionsbewehrten Rechtsregeln. Bei *Kant* erfolgt eine Verengung und Vertiefung des Begriffs „Moral" auf die Autonomie des Gewissens jedes einzelnen, das allerdings wegen des Anspruchs auf Allgemeingültigkeit seiner Maximen konzeptionell an die Gesellschaft, bei Kant: an die Menschheit, gebunden bleibt. Seit *Hegel* wird daher zwischen Moral, „Moralität" im Sinn individueller Überzeugung und „Sittlichkeit" im Sinn von durch Recht und Verfassung gestütztem, historisch-kulturell bedingtem Institutionensystem einer Gesellschaft unterschieden.
(Andreas Suchanek, Nick Lin-Hi)

Moralische Qualität der Marktwirtschaft

1. *Begriff und Interpretation:* Die Bezeichnung „moralische Qualität der Marktwirtschaft" drückt aus, dass das marktwirtschaftliche System prinzipiell im Dienste gesamtgesellschaftlicher Interessen steht und damit mit moralischen Idealen wie Solidarität oder Gerechtigkeit vereinbar ist. Den Referenzpunkt für die normative Bewertung der Marktwirtschaft bildet dabei nicht ein Idealzustand, sondern der Vergleich relevanter Alternativen. So besitzt allein die Marktwirtschaft das Potenzial, wirtschaftliche Aktivitäten derart zu koordinieren, dass überhaupt die Möglichkeit besteht, Milliarden von Menschen mit grundlegenden Gütern und Dienstleistungen zu versorgen. Damit kommt dem marktwirtschaftlichen System eine grundlegende Bedeutung im Hinblick auf die weltweite Ermöglichung eines menschenwürdigen Lebens zu. Die Betrachtung relevanter Alternativen impliziert zudem, dass die moralische Qualität der Marktwirtschaft als solche nicht durch gesellschaftlich unerwünschte bzw. problematische Effekte widerlegt

werden kann, zumal sich derartige Effekte in keinem Wirtschaftssystem vollständig vermeiden lassen.

Die moralische Qualität der Marktwirtschaft indiziert indes nicht, dass das System in jeder spezifischen Situation für den Einzelnen unmittelbar vorteilhaft ist. In konkreten Situationen kann das marktwirtschaftliche System für den Einzelnen bisweilen mit erheblichen Härten einhergehen.

Bereits aufgrund des kontinuierlichen gesellschaftlichen und technischen Fortschritts – welcher grundsätzlich im Dienste gesellschaftlicher Interessen steht – bedingt die Marktwirtschaft immer wieder individuelle Zumutungen; hierzu zählen etwa das permanente Risiko des Arbeitsplatzverlusts, die Entwertung von spezifischen Fachkenntnissen oder die Notwendigkeit zu lebenslangem Lernen. Derartige Zumutungen sind als Preis für die Funktions- und Leistungsfähigkeit der Marktwirtschaft zu verstehen. Langfristig profitieren alle Menschen davon, dass das marktwirtschaftliche System gesellschaftlichen Wohlstand befördert. Aufgrund ihrer Leistungsfähigkeit im Hinblick auf die Realisierung gesellschaftlicher Interessen ist die Marktwirtschaft das derzeit beste bekannte System zur Realisierung der Solidarität aller Menschen.

2. *Gesellschaftliche Leistungsfähigkeit der Marktwirtschaft:* Die moralische Qualität der Marktwirtschaft ist in ihrer gesellschaftlichen Leistungsfähigkeit begründet. Das marktwirtschaftliche System hält Akteure permanent dazu an, in die gesellschaftliche Zusammenarbeit zum gegenseitigen Vorteil zu investieren und damit einen Beitrag für eine gute Gesellschaft zu erbringen. Hierfür werden Akteuren Anreize offeriert, aktuelle und zukünftige Bedürfnisse der Gesellschaft zu befriedigen. So profitieren etwa Konsumenten davon, dass Unternehmen Arbeitsteilung und Spezialisierung organisieren sowie in Forschung und Entwicklung investieren. Hierdurch werden Produkte kontinuierlich verbessert und können kostengünstiger am Markt angeboten werden. Die permanente Neuorganisation von Arbeitsprozessen in Verbindung mit neuen Formen der Arbeitsteilung leistet zudem einen substanziellen Beitrag zur wirtschaftlichen und gesellschaftlichen Entwicklung von Regionen und Ländern. Über marktwirtschaftliche Strukturen werden global immer mehr Menschen

in wirtschaftliche Prozesse eingebunden, wodurch sowohl eine wirtschaftliche als auch gesellschaftliche Entwicklung befördert wird.

Das marktwirtschaftliche System stellt zudem ein wichtiges Element für die Eröffnung und Sicherstellung von individueller Freiheit dar. Die Marktwirtschaft ermöglicht es dem Einzelnen, sein Leben prinzipiell nach eigenen Vorstellungen frei zu gestalten und individuelle Lebensentwürfe zu verfolgen. Im marktwirtschaftlichen System sind die Menschen vom Grundsatz her in der Lage, sowohl für sich selbst zu sorgen und ihre Grundbedürfnisse zu decken als auch zu bestimmen, wie sich diese Grundbedürfnisse definieren. Hinzu kommen etwa Freiheiten in Bezug auf die Wahl des Berufs, des Arbeitsortes oder von Kooperations- und Geschäftspartnern. Diese freiheitseröffnende Wirkung macht noch einmal deutlich, dass das marktwirtschaftliche System langfristig allen Menschen zugutekommt. Insgesamt bildet die Marktwirtschaft einen wichtigen Pfeiler für den Wohlstand der Nationen und eine freiheitliche Gesellschaft.

3. *Funktionslogik der Marktwirtschaft:*

a) *Kanalisierung des Eigeninteresses:* Die gesellschaftliche Leistungsfähigkeit der Marktwirtschaft – und damit ihre moralische Qualität – sind unmittelbar damit verbunden, dass Akteuren Informationen und Anreize offeriert werden, die Bedürfnisse von anderen Akteuren zu erfüllen. Akteure werden etwa dazu ermutigt, Güter und Dienstleistungen bereitzustellen, die eigene Arbeitskraft am Markt anzubieten, in die eigenen Kompetenzen zu investieren oder Forschung und Entwicklung zu betreiben. Auf diese Weise werden wechselseitige Kooperationspotenziale realisiert und Beiträge zu einem gelingenden gesellschaftlichen Zusammenleben geleistet. Indes erbringen Akteure diese Beiträge systematisch nicht aus Nächstenliebe, sondern zur Befriedigung individueller Interessen. Damit sind die in der Marktwirtschaft anfallenden gesellschaftlich erwünschten Effekte zu verstehen als Nebenfolgen eigeninteressierter Handlungen. Eben hieraus resultiert das gesellschaftliche Programm der Marktwirtschaft: Das Eigeninteresse des Einzelnen wird derart kanalisiert, dass damit zugleich gesellschaftlich erwünschte Resultate anfallen. Diese Funktionslogik wurde bereits von Adam Smith (1776) deutlich herausgestellt: „Nicht vom Wohlwollen des Metzgers, Brauers und Bäckers erwarten wir das, was wir zum Essen brauchen, sondern davon, dass sie ihre eigenen Interessen wahrnehmen. Wir wenden uns nicht an ihre Menschen-, sondern an ihre Eigenliebe, und wir erwähnen nicht die eigenen Bedürfnisse, sondern sprechen von ihrem Vorteil."

b) *Wettbewerb als Disziplinierungsinstrument:* Das dem marktwirtschaftlichen System inhärente Wettbewerbsprinzip fungiert als Disziplinierungsinstrument. Der Wettbewerb forciert Akteure dazu, ihre Ressourcen und Fähigkeiten in gesellschaftlich wertschaffender Weise einzubringen und ihre Anstrengungen permanent hochzuhalten. Erst hierdurch sind Akteure in der Lage, an Tauschprozessen teilzunehmen und mit den erhaltenen Gegenleistungen die eigenen Ziele zu verfolgen. Damit verbunden ist auch ein Druck zu kontinuierlichen Investitionen in individuelle Fähigkeiten und Fertigkeiten. Langfristiger Erfolg im Wettbewerb setzt voraus, dass Akteure über Kompetenzen und Ressourcen verfügen, um die Bedürfnisse und Wünsche von anderen bestmöglich befriedigen zu können.

c) *Dezentrale Koordination:* Ein Merkmal der Marktwirtschaft liegt in der dezentralen Koordination wirtschaftlicher Aktivitäten. Es ist den einzelnen Akteuren freigestellt, welche Leistungen sie auf welche Art und Weise zu welchem Zeitpunkt erbringen. Die Koordination zwischen wirtschaftlichen Akteuren und damit die Zusammenführung von Angebot und Nachfrage erfolgen dabei über den Preismechanismus. Preise transportieren Informationen über Präferenzen von Marktteilnehmern und liefern damit etwa Hinweise, in welchen Bereichen wirtschaftliche Aktivitäten lohnenswert sind. Die dezentrale Funktionslogik der Marktwirtschaft ermöglicht zudem, implizites Wissen gesellschaftlich fruchtbar zu machen.

4. *Voraussetzungen für die gesellschaftliche Leistungsfähigkeit:*

a) *Funktionsfähige Rahmenordnung:*

Die gesellschaftliche Leistungsfähigkeit der Marktwirtschaft – und damit auch ihre moralische Qualität – sind stets an das Vorhandensein einer funktionsfähigen Rahmenordnung gebunden. Die Rahmenordnung konstituiert sich dabei aus unterschiedlichen Spielregeln wie Verfügungsrechten, Vertragsordnung, Haftungsregeln, Bilanzierungsvorschriften oder Arbeitnehmerschutzrechten. Die Aufgabe der Rahmenordnung liegt dabei darin, einen Leistungswettbewerb auf

Märkten sicherzustellen. Ein Leistungswettbewerb ist dadurch gekennzeichnet, dass individuelle Leistungsfähigkeit und -bereitschaft die entscheidenden Kriterien zur Erlangung von erwünschten Ressourcen darstellen. Im Leistungswettbewerb werden Akteure dazu angehalten, ihre Eigeninteressen in einer Art zu verfolgen, dass zugleich auch gesamtgesellschaftliche Interessen realisiert werden.

Sowohl das Fehlen als auch eine unzureichende Durchsetzung von Spielregeln führen dazu, dass die Marktwirtschaft ihre gesellschaftliche Leistungsfähigkeit nicht voll entfalten kann. Zudem besteht die Gefahr, dass es in Märkten mit defizitärer Rahmenordnung zu gesellschaftlich unerwünschten Verhaltensweisen und Resultaten kommt, wie etwa die Übernutzung von natürlichen Ressourcen, Umweltverschmutzung, Menschenrechtsverletzungen oder Korruption. In vielen Ländern existieren nach wie vor bisweilen gravierende Defizite auf Ebene der Rahmenordnung, infolgedessen die gesellschaftliche Leistungsfähigkeit der Marktwirtschaft lokal unterschiedlich ist.

b) *Übernahme gesellschaftlicher Verantwortung:* Eine funktionsfähige Rahmenordnung ist zwar eine notwendige, aber noch keine hinreichende Voraussetzung, um die gesellschaftliche Leistungsfähigkeit der Marktwirtschaft zur Geltung zu bringen. In der Realität ist jede Rahmenordnung immer unvollständig bzw. bietet Akteuren Freiheiten. Auf der einen Seite sind Freiheiten gesellschaftlich erwünscht, da sie eine Quelle für Kooperationspotenziale darstellen. Auf der anderen Seite gehen Freiheiten immer mit der Möglichkeit einher, missbraucht zu werden. Die stets existierenden Freiheiten bedingen die Notwendigkeit von gesellschaftlicher Verantwortungsübernahme, auch bezeichnet als Corporate Social Responsibility (CSR). Im Kern liegt die gesellschaftliche Verantwortung von Akteuren darin, im Sinne einer gesellschaftlichen Zusammenarbeit zum gegenseitigen Vorteil zu agieren und existierende Handlungsspielräume nicht zum Schaden von anderen Marktteilnehmern auszunutzen.

5. *Marktwirtschaft in der Kritik:* Über die letzten Jahre hinweg lässt sich eine verstärkte Kritik am marktwirtschaftlichen System feststellen. In der Öffentlichkeit verfestigt sich, nicht zuletzt aufgrund der Vielzahl an Skandalen, zunehmend die Sichtweise, dass die Marktwirtschaft sowohl im Widerspruch zu gesellschaftlichen Interessen stehe

als auch moralische Ideale untergrabe. In Konsequenz büßt die Marktwirtschaft gesellschaftliches Vertrauen ein und verliert auf breiter Ebene
an Akzeptanz. Vor dem Hintergrund politischer Funktionslogiken im
demokratischen System erwächst hieraus eine ernsthafte Gefahr für die
Zukunftsfähigkeit des marktwirtschaftlichen Systems.

Ein grundsätzliches Problem bei der öffentlichen Wahrnehmung
resultiert aus dem Umstand, dass primär auf die unerwünschten Effekte
der Marktwirtschaft abgestellt wird, wohingegen die positiven Effekte
oftmals außen vor bleiben. Hinzu kommt, dass positive Effekte wie die
Beförderung des technologischen Fortschritts oder der individuellen
Freiheit nicht selten als Selbstverständlichkeiten verstanden werden.
Im Zusammenspiel führt dies zu einer Fehleinschätzung der relevanten
Alternative im Hinblick auf die Frage, wie sich in der globalen Gesellschaft die Handlungen von Akteuren derart koordinieren lassen, dass
jeder Einzelne über notwendige Informationen und Anreize verfügt, um
sich in die gesellschaftliche Zusammenarbeit zum gegenseitigen Vorteil
einzubringen.

6. *Ausblick:* Es lässt sich kaum verhindern, dass das marktwirtschaftliche System immer wieder zu unerwünschten Effekten führt. Dies wird
bereits dadurch bedingt, dass sich wirtschaftliche und gesellschaftliche
Strukturen und Prozesse permanent weiterentwickeln, infolgedessen
beständig neue Herausforderungen entstehen. Hinzu kommt, dass aufgrund der Komplexität von wirtschaftlichen Prozessen Schwächen der
Marktwirtschaft bisweilen erst mit erheblicher Zeitverzögerung ersicht-
lich werden. Generell bedarf die Sicherstellung der gesellschaftlichen
Leistungsfähigkeit der Marktwirtschaft damit einer kontinuierlichen
Weiterentwicklung von Spielregeln, um neuen Entwicklungen bestmöglich gerecht zu werden. Eine grundlegende Herausforderung hierbei
liegt in der Etablierung und Durchsetzung von solchen Regeln, welche
die Funktionslogik der Marktwirtschaft nicht unterminieren, sondern
befördern. Dies wiederum ist keine Frage von mehr oder weniger Spielregeln, sondern von geeigneten Spielregeln. In diesem Zusammenhang
existiert indes die Schwierigkeit, grundlegende Spielregeln auf globaler
Ebene zu implementieren. In Zeiten der Globalisierung fehlt es an
Institutionen, welche in der Lage sind, verbindliche Spielregeln weltweit
zu definieren und durchzusetzen.

Die Verbesserung der Rahmenordnung reicht indes nicht aus, um die gesellschaftliche Akzeptanz der Marktwirtschaft sicherzustellen. Die Menschen werden nur dann dem marktwirtschaftlichen System vertrauen, wenn sie dieses nicht nur als effizient, sondern auch als moralisch wertvoll verstehen (können). Da sich die Funktionslogik der Marktwirtschaft indes nicht ohne weiteres erschließt, bedarf es der Vermittlung von grundlegenden wirtschaftlichen Zusammenhängen. Anderenfalls besteht die Gefahr, dass die Mitglieder der Gesellschaft besten Wissens und Gewissens im Namen von Moral gegen die Marktwirtschaft opponieren und Reformen wirkmächtig einfordern, infolgedessen die Bedingungen für ein gelingendes gesellschaftliches Zusammenleben langfristig verschlechtert werden.

Schließlich kann die Akzeptanz der Marktwirtschaft nur dann langfristig erhalten werden, wenn Unternehmen ihrer gesellschaftlichen Verantwortung nachkommen. Dies betrifft primär die Vermeidung von Fehlverhalten, was eine zentrale CSR-Dimension darstellt. Die Vielzahl an unternehmerischen Skandalen weist darauf hin, dass hier ein substanzieller Nachholbedarf in der Praxis besteht.

(Nick Lin-Hi)

Multi-Stakeholder-Initiative

Freiwillige Zusammenschlüsse zwischen öffentlichen, zivilgesellschaftlichen und privaten Akteuren. Multi-Stakeholder-Initiativen sind darauf ausgerichtet, komplexe gesellschaftliche Probleme in kooperativer Weise zu lösen. Sie dienen dabei insbesondere der besseren Verankerung von CSR auf Märkten sowie der Förderung einer nachhaltigen Entwicklung.

(Nick Lin-Hi)

N

Nachhaltiger Konsum

Nachhaltiger Konsum bezeichnet ein Verbraucherverhalten, welches gezielt ökologische und soziale Auswirkungen bei Kaufentscheidungen einbezieht. Hierzu zählt sowohl die Reduzierung des eigenen Konsums als auch der Kauf von Produkten und Dienstleistungen, welche über eine höhere Nachhaltigkeitsleistung verfügen. Aufgrund der Einheit von Konsumption und Produktion zählt nachhaltiger Konsum theoretisch zu den stärksten Stellhebeln für eine nachhaltige Entwicklung. Mit ihrem Einkaufsverhalten beeinflussen Konsumierende nicht nur, welche Produkte im Markt bereitgestellt werden, sondern auch, unter welchen (ökologischen und sozialen) Bedingungen die Produktion erfolgt. Obgleich Konsumierende in Befragungen regelmäßig angeben, dass ihnen ökologische und soziale Faktoren beim Einkauf wichtig sind, spiegelt sich dies nur bedingt im faktischen Kaufverhalten wider. (Nick Lin-Hi)

© Der/die Autor(en), exklusiv lizenziert durch Springer Fachmedien Wiesbaden GmbH, ein Teil von Springer Nature 2022
O. Bendel et al., *110 Keywords Wirtschaftsethik*,
https://doi.org/10.1007/978-3-658-36385-7_13

Nachhaltigkeit

1. *Definition:* Als nachhaltig wird eine Entwicklung bezeichnet, bei der heutige Bedürfnisse befriedigt werden (intergenerationale Gerechtigkeit), ohne zukünftigen Generationen die Lebensgrundlage zu entziehen (intragenerationale Gerechtigkeit).

2. *Begriff:* Der Begriff stammt ursprünglich aus der Forstwirtschaft und meint hier die Maxime, nur so viel Holz zu schlagen, wie nachwachsen kann. Nachhaltigkeit gehört zu den normativen Schlüsselbegriffen des 21. Jahrhunderts und transportiert die Zielstellung, die Erde dauerhaft als Lebensgrundlage zu erhalten. Mit dem Begriff der Nachhaltigkeit werden lokale und globale Herausforderungen des 21. Jahrhunderts diskutiert. Die mit Nachhaltigkeit assoziierbaren Themen sind vielfältig und umfassen beispielsweise Armut, Corporate Social Responsibility, Gesundheit, Elektromobilität, Menschenrechte, Ökoeffizienz und vegetarische Ernährung.

3. *Inhalte:* Nachhaltigkeit folgt der regulativen Idee einer offenen Zukunft, welche wiederum einen hinreichenden Kapitalstock an gesellschaftlichen Vermögenswerten (unter anderem Natur-, Humankapital und Produktionskapital) voraussetzt. Zu den zentralen Annahmen gehört, dass Nachhaltigkeit nur durch die gleichzeitige Berücksichtigung von Ökonomie, Ökologie und Sozialem realisiert werden kann. Diese drei Dimensionen bilden das Drei-Säulen-Modell, auch als Triple Bottom Line bezeichnet, wobei offen ist, wie selbige zueinander stehen. Das Konzept der starken Nachhaltigkeit sieht das Naturkapital als kritische Ressource und formuliert die Regel, dass Kapitalentnahmen stets unterhalb der Regenerationsfähigkeit zu bleiben haben. Das Konzept der schwachen Nachhaltigkeit geht von einer grundsätzlichen, wenn auch nicht unbegrenzten, Substituierbarkeit zwischen verschiedenen Kapitalarten aus, sodass etwa ein Verzehr von Naturkapital durch den Aufbau von Sachkapital ausgeglichen werden kann.

4. *Zukunftsperspektiven:* Die aktuell vorherrschenden Wirtschafts- und Lebensstile laufen dem Gedanken einer nachhaltigen Entwicklung zuwider. Der extensive Ressourcenverbrauch verbunden mit diversen

negativen Effekten für die Umwelt gefährden die Erde als Lebensgrundlage. Deutlich zeigt sich dies beim Klimawandel sowie seinen
ökologischen und sozialen Folgen. Mit Blick auf mögliche Kipp-
punkte steht nur noch ein begrenztes Zeitfenster zur Bekämpfung der
globalen Erwärmung zur Verfügung. Verschärft wird die Situation
durch Dilemmastrukturen, infolgedessen ein Anreizproblem für entsprechende Beiträge auf individueller und nationaler Ebene besteht.
Ausgehend hiervon gewinnen (technische) Innovationen stark an
Relevanz, welche die individuellen Kosten für Klimaschutz deutlich
reduzieren. Beispiele hierfür sind Elektromobilität sowie alternative
Proteine, beispielsweise in Form von pflanzenbasierten Fleischersatz-
produkten oder kultiviertem Fleisch. Auch soziale Herausforderungen,
wie etwa die Zurückdrängung von Menschenrechtsverletzungen,
könnten durch Innovationen zukünftig effizienter gelöst werden.
(Andreas Suchanek, Nick Lin-Hi)

Natur

1. *Allgemein:* Unter Natur wird der Teil der Welt verstanden, der nicht
vom Menschen geschaffen wurde, sondern der von selbst entstanden ist.
Bei einem engen Begriff ist die Natur der Erde gemeint, die natürliche
Umwelt, bei einem weiten die Natur des Kosmos, sodass beispielsweise
der Mond und die Sonne zur Natur zu zählen wären. Die Natur wird
von den Naturwissenschaften erforscht, die belebte von der Biologie
(einschließlich der Ökologie), die unbelebte unter anderem von der
Physik und von der Geologie. Die Chemie kann sich auf beide Bereiche
beziehen. Die belebte Natur wird von Individuen und Arten von Lebewesen gebildet. Am Anfang war die Erde frei von Leben. Dieses begann
mit der chemischen Evolution und bildete sich im Zuge der biologischen Evolution weiter aus. Die Artenvielfalt ist vom Hintergrund-
sterben bestimmt und vom Massenaussterben bedroht. Zum Leben der
Individuen gehört in der Regel der Tod, die Auslöschung geistiger und
mit der Zeit körperlicher Zustände. Man spricht von einem Kreislauf
der Natur, vom Entstehen und Vergehen.

2. *Natur, Kultur und Technik:* Der Natur entgegengesetzt wird die Kultur des Menschen, nicht zuletzt seine Kunst. Dennoch ist und bleibt er Teil der belebten Natur. Er macht aus Landschaften sogenannte Kulturlandschaften und baut Dörfer und Städte sowie Wege, Straßen und Schienen für den Verkehr. Wildtiere werden als Teil der Natur gesehen. Einige Arten können Artefakte anfertigen, etwa als Behausungen, und Verhaltensformen weitergeben. Das Nutz- und Haustier ist mit der Kultur des Menschen verbunden und kann seiner Züchtung entstammen. Der Natur gegenübergestellt wird zudem die Technik, die man als Teil der Kultur auffassen kann. Aus ihr heraus entstehen Geräte, Maschinen und Systeme, die der Beherrschung oder dem Verständnis der Natur dienen. Nur wenige Tiere können Artefakte im Sinne von Werkzeugen hervorbringen und diese dann nutzen. Der Homo faber bezwingt mit technischen Mitteln seine Mitmenschen und seine Umwelt. Die Kulturtechnik der Schrift ermöglicht Literatur und Wissenschaft.

3. *Natur und Wirtschaft:* Die Wirtschaft beansprucht und verbraucht Ressourcen der belebten und unbelebten Natur. Sie wandelt diese in Rohstoffe und diese dann gegebenenfalls in Produkte um oder prägt Kulturlandschaften mit. Immer häufiger betreibt sie Raubbau an der Natur. Ökologisches Wirtschaften widersetzt sich diesem Trend und versucht sich an nachhaltigen Formen. Biologische Produkte erfreuen sich großer Beliebtheit, immer mehr auch rein pflanzliche, sodass die Massentierhaltung eines Tages in manchen Ländern zurückgedrängt werden könnte. Naturschutzgebiete dienen dem Schutz vor Besiedlung und Bewirtschaftung. Ein großes Problem sind die Umweltverschmutzung durch Abgase und Abwässer von Industrieanlagen und die Entstehung von Abfall. Insbesondere Plastikmüll vernichtet Leben in Gewässern, lässt Vögel und Säugetiere verenden und Menschen krank werden.

4. *Kritik und Ausblick:* Die Naturphilosophie beschäftigt sich mit dem Wesen der Natur, die Umweltethik mit den moralischen Aspekten einer Nutzung und Unterwerfung. Die Tierethik fragt nach den Pflichten des Menschen gegenüber Tieren und nach deren Rechten. Während die Moralökonomie eher die Interessen der Wirtschaft vertritt und allenfalls versucht, diese mit intrinsischen und instrumentellen Werten der

Natur zu verbinden, ist die Moralphilosophie weniger in der Ökonomie bewandert, zugleich weniger von ihr abhängig, sodass sie sich z. B. für einen Erhalt der Natur starkmachen kann. Technikethik, Informationsethik und Roboterethik widmen sich den Folgen des Einsatzes von Technik bzw. Informations- und Kommunikationstechnologien und (teil-)autonomen Maschinen. Naturverklärung findet in Esoterik und Religion statt. Ein Schluss vom Sein auf das Sollen gilt als Sein-Sollen-Fehlschluss oder naturalistischer Fehlschluss. Der Mensch muss sich nicht nach der Natur richten. Er sollte aber in angemessener und befriedigender Weise in ihr und mit ihr leben.

(Oliver Bendel)

Nebenwirkungen

Bezeichnen die (nichtintendierten) Wirkungen von Handlungen. Es gibt erwünschte und unerwünschte Nebenwirkungen; die *Ökonomie* diskutiert Nebenwirkungen insbesondere unter positiven bzw. negativen externen Effekten.

In der *Wirtschaftsethik* sind Nebenwirkungen in zweifacher Hinsicht von Bedeutung: Zum einen stellt sich die Frage der Verantwortung von Akteuren für die Nebenwirkungen des Handelns. Vor dem Hintergrund neuer Technologien wie etwa Künstlicher Intelligenz geht es zunehmend nicht nur um voraussehbare Nebenwirkungen, sondern auch um solche, welche sich aufgrund von Komplexität und begrenztem Wissen nicht unmittelbar antizipieren lassen. Zum anderen sind Nebenwirkungen für die gesellschaftliche Leistungsfähigkeit der Marktwirtschaft von systematischer Relevanz. In der Marktwirtschaft erbringen Akteure ihre Leistungen nicht aus Nächstenliebe, sondern zur Realisierung eigener Interessen. Entsprechend können die Gesamtergebnisse einer Marktwirtschaft als nichtintendierte (Neben-)Folgen individueller Handlungen verstanden werden. Damit die Marktwirtschaft gesellschaftlichen Mehrwert stiften kann, bedarf es geeigneter Regeln.

(Andreas Suchanek, Nick Lin-Hi)

New Work

1. *Allgemein:* New Work ist ein Ansatz von Frithjof Bergmann, nach dem zwei Drittel der klassischen Erwerbstätigkeit ersetzt werden sollen, mit einem Drittel, das aus Arbeit besteht, nach der man wirklich strebt, und einem weiteren, das eine Kombination aus intelligentem Verbrauch und technisch hochstehender Selbstversorgung ist. Der Philosoph hatte eine Analyse des Kapitalismus vorgenommen, Skepsis gegenüber dem Kommunismus gezeigt und eine umfassende Idee von Freiheit entwickelt.

2. *Alternativen:* Eine Antwort auf Digitalisierung und Automatisierung könnte auch eine Reduktion der Arbeitszeit im Sinne von Halbtags- bzw. Teilzeitarbeit sein. Die Probleme des geringeren Einkommens und der gefährdeten Rente – heutzutage Hauptkritikpunkte – müssten gelöst werden. Der Rest des Tages wird als Freizeit genutzt oder beispielsweise mit Freiwilligenarbeit gefüllt. Eine Verbindung mit dem Ansatz der New Work sowie mit dem des bedingungslosen Grundeigentums ist verschiedentlich möglich.

3. *Kritik und Ausblick:* New Work ist ein Ansatz, der scheinbar nicht im Sinne der Wirtschaft ist. Deren Vertreter könnten sich daran stören, dass die Arbeitskraft nicht ständig zur Verfügung steht. Sie könnten aber ebenso erkennen, dass klassische Erwerbstätigkeit nur eine Form von Arbeit darstellt und ein ausgefüllter, vielseitig interessierter Mitarbeiter womöglich bessere Arbeitsergebnisse erzielt. Die Wirtschaftsethik untersucht die unterschiedlichen Interessen der Beteiligten und die Ideologie etablierter und innovativer Konzepte.

(Oliver Bendel)

Nutzen

In der ökonomischen *Haushalts-* bzw. *Nutzentheorie* die Eigenschaft eines Gutes oder einer Dienstleistung, ein bestimmtes Bedürfnis befriedigen zu können oder die potenzielle bzw. tatsächliche Befriedigung, die Konsumierende erfahren. In der Ethik findet manchmal ein weit gefasster Nutzenbegriff Verwendung, der etwa ein gutes Gefühl, soziale Achtung, individuelle Identität usw. umfasst. (Andreas Suchanek, Nick Lin-Hi, Dirk Piekenbrock)

O

Ordnungspolitik

Summe aller rechtlich-organisatorischen Maßnahmen, durch welche die Träger der Wirtschaftspolitik über eine entsprechende Ausgestaltung der Wirtschaftsverfassung die längerfristigen Rahmenbedingungen, z. B. Eigentumsrechte, Geldordnung sowie Haftungsregeln, für den Wirtschaftsprozess innerhalb einer Wirtschaftsordnung setzen. Im Gegensatz zur Prozesspolitik greifen die Träger der Wirtschaftspolitik im Rahmen der Ordnungspolitik nicht unmittelbar in die Wirtschaftsabläufe ein. Vielmehr werden die Rahmenregeln (Wirtschaftsverfassung) so gesetzt, dass wirtschaftliche Aktivitäten zur Erreichung von wirtschaftspolitischen bzw. gesellschaftlichen Zielen (z. B. einer präferenzgemäßen Versorgung mit Gütern und Dienstleistungen) beitragen. Die Logik der Ordnungspolitik besagt, dass der Staat die Spielregeln (Rahmenregeln), die privaten Akteure die Spielzüge (Wirtschaftsprozess) innerhalb dieser Spielregeln gestalten soll(en).
(Andreas Suchanek, Nick Lin-Hi)

© Der/die Autor(en), exklusiv lizenziert durch Springer Fachmedien Wiesbaden GmbH, ein Teil von Springer Nature 2022
O. Bendel et al., *110 Keywords Wirtschaftsethik*,
https://doi.org/10.1007/978-3-658-36385-7_14

P

Pflanzen

1. *Allgemein:* Pflanzen zählen, wie Tiere, Bakterien und Pilze, zu den Lebewesen. Sie gewinnen über Fotosynthese chemische Energie aus Lichtenergie, die in der Regel von der Sonne stammt. Wasser und Kohlendioxid werden in Sauerstoff und Kohlenhydrate umgewandelt. Blumen sind ebenso Pflanzen wie Büsche und Bäume. Entsprechend sind Bestandteile etwa Blüten, Stiele, Blätter, Äste und Stämme sowie Wurzeln. Die Botanik ist die Disziplin, die Ontogenese, Metabolismus, Struktur, Wachstum, Bewegung und Kommunikation der Pflanzen erforscht. Auch deren Einbettung in die belebte und unbelebte Natur (mithin die Eignung der Böden), das Verhältnis der Pflanzenwelt (Flora) zur Tierwelt (Fauna) und die wirtschaftliche Nutzung dieser natürlichen Ressourcen sind ihr Thema.

2. *Entwicklung:* Am Anfang der Entwicklung der Pflanzen standen die Algen. Neben den Bakterien gehörten diese zu den ersten Lebewesen. Vor ca. 500 Mio. Jahren eroberten die Pflanzen das Land und besiedelten fast alle Lebensräume bis zu einer gewissen Höhe (Vegetationsgrenze). Zahlreiche Kreaturen sind auf sie angewiesen,

© Der/die Autor(en), exklusiv lizenziert durch Springer Fachmedien Wiesbaden GmbH, ein Teil von Springer Nature 2022
O. Bendel et al., *110 Keywords Wirtschaftsethik*,
https://doi.org/10.1007/978-3-658-36385-7_15

verzehren sie, suchen ihren Schutz, lassen sich Schatten spenden, genießen ihre Schönheit. Etliche Pflanzen wiederum sind von Insekten, Vögeln und Säugetieren für Bestäubung und Vermehrung abhängig. Als Pflanzenfresser werden Tiere bezeichnet, die sich ausschließlich oder fast ausschließlich von Pflanzen ernähren, im Gegensatz zu den Fleischfressern. Bei Menschen spricht man von Veganern bzw. Vegetariern (die keine Tiere, aber womöglich Tierprodukte essen).

3. *Wirtschaftliche Bedeutung:* Die Züchtung und der Anbau von Pflanzen vermindern die Abhängigkeit von der Wildnis. Der Jäger und Sammler wird mehr und mehr vom Bauern verdrängt, der sich wiederum – wenn er für mehr als den Eigenbedarf produziert – durch den Händler seinen Absatz sichern kann. Die Wirtschaft in ihrer ursprünglichen Ausprägung entsteht. Nutzpflanzen können nicht nur – als solche oder in Form ihrer Früchte und Samen – der Ernährung, sondern auch der Herstellung von Kleidungsstücken, Schuhwerk und Behältnissen dienen. Mit Holz fertigt man Häuser und Möbel an und unterhält man Lagerfeuer und Öfen. Kohle, umgewandelte Vegetation der Karbonzeit, ist wichtig für die Energiegewinnung, ebenso Erdöl, das sich aus Überresten von Tieren und Pflanzen gebildet hat.

4. *Technik und Robotik:* Werkzeuge werden in der Landwirtschaft seit Jahrtausenden eingesetzt, z. B. in Gestalt von Sensen, Harken und Pflügen. Später kamen Geräte und Fahrzeuge wie Sä- und Dreschmaschinen und Traktoren hinzu. Die Robotik spielt in der Landwirtschaft eine gewisse Rolle. Sie kann dabei helfen, Rehkitze in Getreide- und Maisfeldern zu erkennen (Kombination von Mähdrescher und Drohne), den Zustand von Beeren und Gemüsen zu beurteilen und Unkraut mechanisch zu vernichten. Ferner ist sie beim Schutz von Anbauflächen und bei der Ernte von Bedeutung. Wenn der Organismus mit Technik verschmilzt, z. B. mit Sensoren, wird der pflanzliche Cyborg geboren, und analog zu Human Enhancement und Animal Enhancement kann man – auch wenn es um gentechnische Veränderungen geht – von Plant Enhancement sprechen. Zudem ist hier der Begriff des Biohackings relevant.

5. *Kritik und Ausblick:* Häufig hat die Zerstörung der Natur, auch die der Pflanzenwelt, mit intensiver Wirtschaft zu tun. Es werden Wälder abgeholzt (mit Folgen für Klimaentwicklung, Bodenbeschaffenheit

und Tierwelt), Monokulturen durchgesetzt und Arten ausgerottet. Dünger und Pestizide tragen zur Umweltverschmutzung bei. In diesem Zusammenhang sind Wirtschaft- und Umweltethik gefragt. Von Natur aus verfügen verschiedene Pflanzen über weitgehende Möglichkeiten, eine Gefahr zu identifizieren und sich gegenseitig zu informieren. Sie kommunizieren über das Wurzelwerk und die Luft. Bei allen Fähigkeiten können ihnen kaum Rechte zugesprochen werden, wohl aber Werte. Während sich eine Tierethik etablieren konnte, mit Begründungen von Pflichten direkt gegenüber Lebewesen, die Rechte haben, ist eine Pflanzenethik durchaus umstritten. Zudem können einige Aspekte, die sie verhandeln will, in der Umweltethik abgedeckt werden.
(Oliver Bendel)

Political Correctness

1. *Allgemein:* Political Correctness ist die strikte und penible Einhaltung und Einforderung von gesellschaftlichen und sprachlichen Normen, vor allem in Bezug auf angeblich oder tatsächlich benachteiligte Gruppen, etwa Frauen, Homosexuelle und People of Color (PoC). Der Begriff wurde aus dem Englischen ins Deutsche übernommen, wo man ansonsten noch von „politisch korrekt" (engl. „politically correct") spricht, z. B. mit Blick auf Inklusion.
2. *Hintergrund:* Die Political Correctness wird entweder als etwas Positives (eine Pflicht für verantwortungsvolle Menschen und ein Segen für benachteiligte Gruppen) oder als etwas Negatives (eine Beschränkung und Zurechtweisung direkt und spontan sprechender und eigenverantwortlich handelnder Personen) aufgefasst. Der Wokeness immanent ist die Political Correctness oder deren Fortführung, die Cancel Culture, sofern es eine solche überhaupt gibt.
3. *Kritik und Ausblick:* Die Ethik untersucht den Moralismus, der in der Woke-Bewegung verankert ist, und die Verhältnismäßigkeit der Mittel und Folgen. Medien- und Informationsethik interessieren sich für diejenigen Aspekte der Political Correctness und der Cancel Culture, die die sozialen Medien betreffen, Politik- und Wirtschaftsethik für die

politischen und wirtschaftlichen Implikationen. In Unternehmen sorgt Political Correctness für einen erhöhten Aufwand, aber auch für einen gewissen Schutz benachteiligter Gruppen.
(Oliver Bendel)

Prostitution

1. *Allgemein:* Prostitution ist die Bereitstellung sexueller Dienstleistungen gegen Entgelt. Sie kann in Freiheit und Freiwilligkeit erfolgen oder unter Zwang (Zwangsprostitution), in Verbindung mit Menschenhandel und Sklaverei. Man spricht augenzwinkernd vom horizontalen Gewerbe (wobei es sich gerade beim schnellen Sex häufig um ein vertikales handelt), übertreibend vom ältesten Gewerbe der Welt und mehrdeutig von käuflicher Liebe. Die Existenzsicherung kann ebenso das Ziel sein wie die Beschaffung von Konsum- und Luxusgütern (in diesem Sinne meist Gelegenheitsprostitution, wie im Falle von Schülerinnen in Japan) oder (eher die Ausnahme) der Lustgewinn. In der Antike trat neben der Erwerbs- womöglich die Tempelprostitution auf.
2. *Beteiligte:* Es prostituieren sich vor allem Frauen, weibliche Jugendliche und Kinder (was zu Kindesmissbrauch führt). Sie werden umgangssprachlich bzw. abwertend Huren, Dirnen und Nutten genannt. Begriffe wie „Liebesdienerin", „Freudenmädchen" und „Bordsteinschwalbe" ironisieren und romantisieren die Tätigkeit. Hetären, Mätressen, Kurtisanen und Geishas sind in ihrer Zeit respektive ihrer Kultur mehr oder weniger angesehene Anbieterinnen sexueller und anderweitiger Dienstleistungen. Auch Männer und männliche Jugendliche und Kinder nehmen sexuelle Handlungen gegen Entgelt vor und bieten ihren Körper sowohl Männern als auch Frauen an. Man spricht von Strichern und Strichjungen, Lustknaben und Callboys. Die Vermittler zwischen Prostituierten und Kunden (Freiern) bzw. Kundinnen sind die Zuhälter. Liebespuppen und Sexroboter ersetzen oder ergänzen menschliche Prostituierte. In mehreren Ländern haben Bordelle eröffnet, in denen ausschließlich Liebespuppen zu finden sind.

3. *Orte und Räume:* Prostitution findet in Bordellen und Laufhäusern statt, in Nachtclubs und Striplokalen, in Privat- und Modellwohnungen – oder im Freien (Raststätten, Straßenstrich), wobei Toiletten, Parkanlagen und Fahrzeuge zum Vollzug verwendet werden. In Swingerclubs kommen Prostituierte mit Einzelnen und Paaren zusammen. Massagestudios bieten entweder erotische Massagen oder die ganze Bandbreite sexueller Handlungen an, ähnlich wie Einrichtungen und Personen, die sich mit Sexualassistenz an Behinderte und Betagte richten. Ob Pflegeroboter solche Aufgaben übernehmen sollen, wird kontrovers diskutiert. Callgirls und -boys als Selbstständige oder Mitarbeitende von Escortservices bedienen die Kunden und Kundinnen zu Hause oder im Hotel oder begleiten sie auf Reisen. Liebespuppen sind in immer mehr Freudenhäusern zu finden und können über Agenturen ausgeliehen werden. Portale und Websites dienen der Werbung, Vermittlung und Bewertung.

4. *Kritik und Ausblick:* In Schweden ist Prostitution seit 1998 illegal (bestraft werden die Freier). In der Schweiz ist sie legal und omnipräsent, in der Stadt ebenso wie auf dem Land. In Zürich gibt es sogenannte Verrichtungsboxen, die den Straßenstrich weitgehend obsolet gemacht haben und vom Sozialdepartement betrieben werden. In Deutschland gelten das Prostitutionsgesetz (ProstG, seit 2002) und das Prostituiertenschutzgesetz (ProstSchG, seit 2016), die je nach Perspektive das Sexgewerbe legitimieren und in liberaler Weise regulieren oder die Beschäftigten drangsalieren. Ein Verbot der Prostitution kann dazu führen, dass diese auf die Straße und in unkontrollierbare Bereiche abwandert. Gerade im Freien gehen die Huren und Stricher erhebliche Risiken ein und müssen fürchten, Opfer von verbaler und körperlicher Gewalt zu werden. Die grundsätzliche Begrenzung des Angebots kann ebenso eine dauerhafte Abnahme der Nachfrage zur Folge haben. Die Psychologie widmet sich den Traumata von Prostituierten, die Ethik deren Selbst- und Fremdbestimmung sowie der Menschenwürde, nicht zuletzt von Schwerstbehinderten und Hochbetagten, denen regelmäßige sexuelle Erfahrungen tendenziell verwehrt bleiben.

(Oliver Bendel)

R

Regeln

1. *Faustregeln:* Diese geben die Empfehlung, bestimmte typische Entscheidungen gemäß einfach strukturierter Regeln zu treffen; die Begründung liegt hier darin, dass diese erfahrungsbasierten Entscheidungshilfen in der Regel zu besseren Ergebnissen führen als die (kostspielige) Einzelfallkalkulation oder die Zufallsentscheidung (wiewohl „Zufallsentscheidung" selbst eine brauchbare Faustregel sein kann).

2. *Spielregeln:* Regeln, die ein Spiel, gegebenenfalls auch im übertragenen Sinne als Struktur gesellschaftlicher Kooperations- und Wettbewerbsprozesse, konstituieren und definieren; sie sind zum einen die Voraussetzung für das Zustandekommen von gesellschaftlichen Interaktionen und zum anderen die Voraussetzung für die Ermöglichung von Kooperationsgewinnen (Dilemmastrukturen). Spielregeln schaffen hinreichend wechselseitige Verhaltenserwartungen, was aufgrund des damit einhergehenden Planungshorizonts produktive, wertschaffende Investitionen ermöglicht. In der Konsensethik gehen die Spielregeln auf

© Der/die Autor(en), exklusiv lizenziert durch Springer Fachmedien Wiesbaden GmbH, ein Teil von Springer Nature 2022
O. Bendel et al., *110 Keywords Wirtschaftsethik*,
https://doi.org/10.1007/978-3-658-36385-7_16

das Wollen der Bürger zurück; die Individuen legen den Rahmen für das gesellschaftliche Zusammenleben selbst fest.
(Andreas Suchanek, Nick Lin-Hi, Dirk Sauerland)

Reputation

Das auf Erfahrungen gestützte Ansehen, das ein Individuum oder eine Organisation bei anderen Akteuren hat. Reputation stellt heute ein Äquivalent für traditionelle Begriffe wie Ehre oder Tugend dar. Für Unternehmen ist Reputation ein wichtiger immaterieller Vermögenswert, da diese Einfluss auf die individuelle Kooperationsfähigkeit hat. Das Management von Reputation ist oftmals sowohl Ziel als auch Bestandteil von CSR-Strategien.
(Andreas Suchanek, Nick Lin-Hi)

Responsible AI

1. *Allgemein:* Mit dem Begriff der Responsible AI werden Bestrebungen zusammengefasst, Systeme künstlicher Intelligenz in verantwortungsvoller Weise zu entwickeln respektive einzusetzen und Systeme zu schaffen, die über bestimmte Merkmale und Fähigkeiten – etwa sozialer oder moralischer Art – verfügen. Angesprochen werden damit unter anderem Erklärbarkeit (Explainable AI), Vertrauenswürdigkeit (Trustworthy AI), Datenschutz, Verlässlichkeit und Sicherheit. Der Ausdruck hat sich allmählich seit der Jahrtausendwende und dann verstärkt ab ca. 2010 verbreitet. Er wird – wie „Explainable AI" und „Trustworthy AI" – vielfach im Marketing von Staaten und Verbünden wie der EU, technologieorientierten Unternehmen bzw. Unternehmensberatungen sowie wissenschaftsfördernden Stiftungen verwendet, die sich, ihre Produkte, ihr Consulting und ihr Funding ins rechte Licht rücken wollen. Er kann aber ebenso den Namen einer Forschungsgruppe mit entsprechender Ausrichtung schmücken.
2. *Hintergrund:* Responsible AI kann als Arbeitsgebiet der Künstlichen Intelligenz oder von Informations-, Roboter- und Maschinenethik

angesehen werden, zudem als gewünschtes Ergebnis dieser Disziplinen, womit ein normativer Charakter gegeben wäre, entweder mit Blick auf Forschung und Entwicklung oder auf die Anwendung. Entsprechend würde man fordern, dass nur bestimmte, etwa moralischen und sozialen Kriterien genügende KI-Systeme hervorgebracht oder betrieben werden sollen. Während in KI, Informationsethik und Roboterethik vor allem das verantwortungsbewusste Handeln des Herstellers oder Entwicklers thematisiert und mit Entscheidungen von Ethikkommissionen und mit ethischen Leitlinien flankiert wird, programmiert die Maschinenethik den Systemen bestimmte moralische Regeln ein, die entweder strikt befolgt oder je nach Situation adaptiert werden. Die entstehende künstliche oder maschinelle Moral, die menschliche simuliert, kann vor allem bei autonomen Systemen, die in überschaubaren und beschränkten Räumen unterwegs sind, als sinnvolle Lösung gelten, etwa bei Haushaltsrobotern oder Sicherheitsrobotern auf dem Betriebsgelände.

3. *Kritik und Ausblick:* Wissenschaft, mithin wissenschaftliche Methoden gebrauchende Ethik, verfolgt in erster Linie Erkenntnisgewinn. Ein Arbeitsgebiet, das sich verantwortungsvollen Systemen (also solchen, die verantwortungsvoll entwickelt oder mit bestimmten Regeln und Grenzen ausgestattet werden) verschrieben hat, kann dieses Ziel durchaus erreichen. Problematisch wird es, wenn Responsible AI zur allgemeinen Forderung wird, und zwar zunächst eben aus philosophischen und wissenschaftstheoretischen Gründen. Im Labor darf durchaus auch „verantwortungslose KI" entstehen, wenn dies dem Erkenntnisgewinn dient, wie ein Gesichtserkennungssystem, eine Münchhausen-Maschine (eine Maschine, die die Unwahrheit sagt) oder ein autonomer Kampfroboter. Per Gesetz kann dann bestimmt werden, was in der Praxis zulässig ist. Wenn ein Moralisieren in die Wissenschaft einzieht, ist das dieser nicht zuträglich, da es sie beschränkt, was nicht bedeutet, dass in ihr alles möglich sein soll – so gibt es gute Gründe, Tierversuche abzulösen, Genmanipulationen zu beschränken und das Abgreifen von Fotos auf Plattformen für den Zweck von Machine Learning und Deep Learning zu verbieten. Es ist weiter die Frage, wer überhaupt definiert, was verantwortungsvoll ist, und wer davon profitiert, dass bestimmte Systeme entstehen und andere nicht. Letztlich

ist „Responsible AI" ein diffuser Begriff, der hohe Erwartungen weckt, jedoch kaum erfüllt.
(Oliver Bendel)

Ressourcen

1. *Allgemein:* Ressourcen sind Bestände und Mittel, die bestimmten Zielen und Zwecken dienen, wie der Erstellung und Bereitstellung von Produkten und Dienstleistungen. In der Wirtschaft gehören immaterielle und materielle Güter wie Betriebsmittel, Geld, Energie, Rohstoffe und Menschen dazu. Natürliche Ressourcen entstammen der Natur, personelle werden in Organisationen von der Belegschaft und gegebenenfalls von Aushilfskräften gebildet, die für eine vertraglich vereinbarte Arbeitszeit zur Verfügung stehen. Das Ressourcenmanagement ist dazu da, Ressourcen in der Organisation festzulegen und optimal einzusetzen.
2. *Beispiele:* Um beispielsweise eine Möbelfabrik zu betreiben, benötigt man zunächst Betriebsmittel wie ein Grundstück, ein Gebäude und Maschinen. Man erwirbt oder mietet diese mit Geld. Dieses benötigt man auch für das Bezahlen der Energie, etwa den Strom der Produktionsanlage, der Rohstoffe, etwa das Holz, und der Arbeitskraft. Die Produktion der Möbel ist häufig mit Netzwerkressourcen wie Dateien (die Angaben zur Konstruktion oder zur Verfügbarkeit von Ressourcen enthalten können) verbunden. Die Industrie 4.0 mit ihrer Smart Factory ist durch einen Abbau der personellen und den Aufbau der technischen Ressourcen gekennzeichnet.
3. *Kritik und Ausblick:* Wenn man Ressourcen lediglich als Mittel für bestimmte Zwecke begreift, was im Begriff bereits angedeutet ist, neigt man dazu, sie auszuschöpfen und auszubeuten. Gerade bei natürlichen Ressourcen steht der instrumentelle Wert im Vordergrund, wobei man in der Umweltethik auch (etwa in Bezug auf Pflanzen und Tiere) nach ihrem intrinsischen fragen kann. Die Technikethik untersucht die Verantwortung der Technik, die der Ressourcenverwendung und -verschwendung dient, speziell auch das Verhältnis zwischen Technik und Natur, die Informationsethik die Veränderung (im Gebrauch) der

Ressourcen angesichts der Digitalisierung, die Wirtschaftsethik die Verantwortung des Arbeitgebers gegenüber dem Arbeitnehmer als Humanressource.
(Oliver Bendel)

Robot Enhancement

1. *Allgemein:* Robot Enhancement ist die Erweiterung und damit einhergehende Veränderung oder Verbesserung des Roboters durch den Benutzer bzw. eine Firma, etwa in funktionaler, ästhetischer, ethischer oder ökonomischer Hinsicht. Das Wort wurde in Anlehnung an „Human Enhancement" und „Animal Enhancement" gebildet, und man kann damit sowohl das Arbeitsgebiet als auch den Gegenstand bezeichnen. Eine Form des Robot Enhancement ist das Social Robot Enhancement, bei dem ein sozialer Roboter erweitert bzw. verändert und verbessert wird. Der Hersteller bietet vor dem Finishing unterschiedliche Optionen an, eine Tuningfirma nach der Produktion diverse Add-ons. Auch der Benutzer selbst kann in verschiedener Weise aktiv werden, etwa indem er das Gegenüber markiert und es dadurch personalisiert.

2. *Beispiele:* Ein Beispiel für Robot Enhancement (und für Social Robot Enhancement) ist die Ausstattung von NAO, Pepper und Co. mit Kleidungsstücken, Perücken und Accessoires. Die erweiterten sozialen Roboter erhalten oft je nach Einsatzgebiet, etwa im Pflege- oder Altenheim, einen anderen Namen. Eine weitere Methode ist, den Plastik- oder Metallkopf mit Silikonhaut zu überziehen oder Make-up-Aufkleber zu verwenden. Dabei muss man – wenn dies nicht standardmäßig vorgesehen ist – auf eine mögliche Überhitzung und Einschränkung ebenso achten wie auf eine unbeabsichtigte Wirkung. Weiter können die Gliedmaßen verlängert und verändert sowie die Körper mit Komponenten ergänzt werden. So sind für Liebespuppen und Sexroboter zusätzliche oder andersartige Geschlechtsteile erhältlich. Nicht zuletzt ist es zuweilen möglich, die Stimme oder die mit künstlicher Intelligenz zusammenhängenden Fähigkeiten anzupassen.

3. *Kritik und Ausblick:* Robot Enhancement spielt insbesondere bei sozialen Robotern eine Rolle, die sich weltweit verbreiten, die eine gewisse Uniformität besitzen und die man an Anwendungsfelder und Bedürfnisse adaptieren und für den eigenen Gebrauch markieren will. Man kann dadurch eine Maschine menschlicher und individueller wirken lassen. Zudem kann man ein Geschlecht und ein Alter zuschreiben. Nicht immer ist die Veränderung eine Verbesserung, vor allem dann nicht, wenn das Original dafür technisch gar nicht vorgesehen ist. Es besteht die Gefahr, dass es Schaden nimmt und sein Nutzen eingeschränkt ist. Die Roboterethik untersucht zusammen mit der Informationsethik die Chancen und Risiken von Robot Enhancement und fragt bei sozialen Robotern danach, welche Transformationen welche Implikationen in moralischer Hinsicht haben, etwa wenn Erwartungen geweckt und enttäuscht werden.
(Oliver Bendel)

Roboterethik

1. *Begriff:* Die Roboterethik ist, so eine mögliche Auslegung, eine Keimzelle und ein Spezialgebiet der Maschinenethik. Gefragt wird danach, ob ein (weitgehend autonomer) Roboter ein Subjekt der Moral sein und wie man diese implementieren kann. Im Fokus sind auch mimische, gestische und natürlichsprachliche Fähigkeiten, sofern sie in einem moralischen Kontext stehen. Man kann indes nicht nur nach den Pflichten (oder, schwächer formuliert, Verpflichtungen bzw. Vorschriften), sondern ebenso nach den Rechten der Roboter fragen. Allerdings werden ihnen – im Gegensatz zu Tieren – solche üblicherweise nicht zugestanden. Nicht zuletzt kann man die Disziplin in einem ganz anderen Sinn verstehen, nämlich in Bezug auf Entwicklung und Herstellung und die Folgen des Einsatzes von Robotern, und in ihr Richt- und Leitlinien für den Gebrauch erarbeiten. In dieser Ausrichtung mag man sie in Technik- und Informationsethik verorten.
2. *Perspektive der Robotik:* Die Robotik oder Robotertechnik beschäftigt sich mit dem Entwurf, der Gestaltung, der Steuerung, der Produktion und dem Betrieb von Robotern. Sie muss, was die Wirkung von

Emotionen und die Glaubwürdigkeit von Aussagen, Handlungen und Bewegungen angeht, eng mit der Psychologie und der Künstlichen Intelligenz (KI) zusammenarbeiten. Je mehr ein Roboter durch sein Aussehen verspricht, desto perfekter muss er umgesetzt sein, damit er nicht unheimlich wirkt (Uncanny-Valley-Effekt). Das betrifft auch Fragen der Moral; von einem humanoiden oder sozialen Roboter erwartet man adäquate Aussagen und Entscheidungen. Bei hohen Ambitionen in diesem Kontext muss sich die Robotik mit Roboter- und Maschinenethik zusammentun, nicht ohne kritische Fragen von Technikethik und Informationsethik zuzulassen.

3. *Robotergesetze:* Über moralische Maschinen haben nicht nur Wissenschaftler, sondern auch Schriftsteller nachgedacht. Robotiker, KI-Experten und Philosophen beziehen sich gerne auf den Science-Fiction-Autor Isaac Asimov und seine drei Robotergesetze („Three Laws of Robotics"), die in einer Kurzgeschichte aus dem Jahre 1942 enthalten sind. Der Katalog ist hierarchisch aufgebaut und gibt so eine Priorisierung vor. Nach dem ersten Gesetz darf kein Roboter einen Menschen verletzen oder durch Untätigkeit erlauben, dass ein menschliches Wesen zu Schaden kommt. Nach dem zweiten muss ein Roboter den ihm von Menschen erteilten Befehlen gehorchen, es sei denn, einer der Befehle würde mit dem ersten Gesetz kollidieren. Nach dem dritten muss ein Roboter seine Existenz beschützen, solange er dabei nicht mit dem ersten oder zweiten Gesetz in Konflikt kommt. Asimov hat in einem späteren Werk den Katalog erweitert und modifiziert. Aus wissenschaftlicher Sicht sind die Robotergesetze, so durchdacht und visionär sie sein mögen, nicht befriedigend.

4. *Ausblick:* Wenn es um die Moral von (und gegenüber) Maschinen ging, war man lange Zeit auf Roboter fokussiert. Zum einen erfüllten sie die Anforderung, mehr oder weniger autonome Systeme zu sein (wenn man Teleroboter einmal ausnimmt), zum anderen erweckten sie – gerade wenn es sich um humanoide oder soziale Roboter handelte – den Eindruck, als müssten sie in sittlicher und sozialer Hinsicht mehr leisten können als normale Maschinen. Als sich zu den Robotern weitere (teil-)autonome Maschinen wie Agenten, Chatbots, bestimmte Drohnen, Computer im automatisierten Handel und selbstständig fahrende Autos gesellten, war es vorbei mit der Einzigartigkeit.

Der Vielfalt von Systemen mit ihren unterschiedlichen Möglichkeiten widmet sich die Maschinenethik, wobei sich diese auf Maschinen als Subjekte der Moral konzentriert. Der Begriff der Roboterethik wird sicherlich nicht verschwinden, allenfalls verstärkt auf Roboter als Objekte der Moral und als Verursacher von Problemen und Herausforderungen angewandt.
(Oliver Bendel)

S

Selbstverpflichtung

Hierunter sind selbstauferlegte Regeln für das eigene Handeln zu verstehen. Instrumente für Selbstverpflichtungen sind beispielsweise Codes of Conduct oder Garantien. Mit derartigen Selbstverpflichtungen können Unternehmen Verantwortlichkeit demonstrieren und Vertrauen etc. aufbauen. Selbstverpflichtungen können damit genutzt werden, um neue Kooperationspotenziale zu erschließen.
(Andreas Suchanek, Nick Lin-Hi)

Shitstorm

1. *Allgemein:* Ein Shitstorm ist ein Sturm der Entrüstung im virtuellen Raum, in sozialen Medien, in Blogosphären sowie in Kommentarbereichen von Onlinezeitungen und -zeitschriften. Er richtet sich gegen Personen oder Organisationen und kann die Grenze zum Cybermobbing überschreiten. Ebenso kann er in manchen Fällen ein

© Der/die Autor(en), exklusiv lizenziert durch Springer Fachmedien Wiesbaden GmbH, ein Teil von Springer Nature 2022
O. Bendel et al., *110 Keywords Wirtschaftsethik*,
https://doi.org/10.1007/978-3-658-36385-7_17

Umdenken und Einlenken nach sich ziehen. Die Cancel Culture, wenn es sie gibt, bedient sich seiner, um Andersdenkende und Unliebsame aus dem Weg zu räumen. Das Gegenteil des Shitstorms ist der Candystorm.

2. *Candystorm:* Mit dem Candystorm, der wohl wesentlich seltener auftritt als der Shitstorm, geht eine Welle des Zuspruchs im virtuellen Raum einher, z. B. in sozialen Netzwerken, Microblogs und Blogs sowie Kommentarbereichen von Onlinezeitungen und -zeitschriften. Personen oder Organisationen werden mit Worten des Zuspruchs und Wörtern wie „Flausch" bedacht. Es entstehen unter gewissen Umständen sogenannte Blasen oder Filterblasen („filter bubbles"), in denen man sich in seiner eigenen Meinung bestärkt fühlen kann.

3. *Kritik und Ausblick:* Shitstorm und Candystorm werden verursacht durch den Moralismus der Informationsgesellschaft und die Wut bzw. die Empathie und Euphorie der Netzbürgerinnen und -bürger. Zuweilen ist der Shitstorm ein probates Mittel des Angriffs und der Gegenwehr, etwa von Aktivisten und speziell Cyberaktivisten. Die Ethik hinterfragt den Moralismus in diesem Zusammenhang. Die Implikationen des Shitstorms für Gesellschaft und Informationsgesellschaft untersucht die Informationsethik, die für die Wirtschaft die Wirtschaftsethik.

(Oliver Bendel)

Solidarität

Im engeren Sinne bezeichnet Solidarität das Prinzip des wechselseitigen Füreinandereinstehens, insbesondere in Form der Unterstützung der (wirtschaftlich) Schwächeren durch die (wirtschaftlich) Stärkeren. Dieses Prinzip findet sich vor allem im Kontext des Genossenschaftswesens sowie von (Privat- und Sozial-)Versicherungen. Im letzteren Falle schließen sich mehrere Personen, im Grenzfall: alle Mitglieder der Gesellschaft, zusammen, um sich gegen Risiken besser absichern zu können.

In einem weiteren Sinne wird, etwa in der Katholischen Soziallehre, der Begriff auch grundlegender verwendet als normatives Strukturprinzip

der gesellschaftlichen Kooperation. Als solches verlangt es einerseits dem Einzelnen Beiträge für diese Kooperation ab, lässt ihn andererseits teilhaben an deren Früchten. In großen, anonymen Gesellschaften wird dieses Prinzip auch auf institutionelle Strukturen angewendet, die die Voraussetzungen gelingender gesellschaftlicher Kooperation schaffen, z. B. in Form der sozialen Marktwirtschaft oder der Sozialpolitik.
(Andreas Suchanek, Nick Lin-Hi)

Soziale Marktwirtschaft

Als Soziale Marktwirtschaft wird eine Wirtschaftsordnung bezeichnet, welche darauf ausgerichtet ist, Wettbewerb und soziale Ziele gezielt miteinander zu verbinden. Die Idee der Sozialen Marktwirtschaft wird stark mit Deutschland verknüpft, wo diese Wirtschaftsordnung nach dem zweiten Weltkrieg verwirklicht wurde. Den theoretischen Hintergrund bildet insbesondere der Ordoliberalismus. Aus wirtschaftsethischer Perspektive bildet das „Soziale" der Sozialen Marktwirtschaft keine Ergänzungs- oder Korrekturmaßnahme zum Wettbewerb, sondern soll dessen Funktionsfähigkeit stärken. Dies gelingt, indem Sozialpolitik nicht *gegen*, sondern *für* den Markt, d. h. als Versicherung, konzipiert wird.
(Andreas Suchanek, Nick Lin-Hi)

Sozialkreditsystem

1. *Allgemein:* Das Sozialkreditsystem (engl. „social credit system") ist ein elektronisches Überwachungs-, Erfassungs- und Bewertungssystem zur Harmonisierung des Verhaltens der Bürger, Behörden und Firmen von China mit den moralischen, sozialen, rechtlichen, wirtschaftlichen und politischen Ansprüchen der dortigen Kommunistischen Partei (KP). Es findet ein permanentes Rating und Scoring („citizen score" bzw. „social scoring") mit Blick auf die Lebenssituation, das Sozialverhalten oder Verwaltungs- und Wirtschaftsaktivitäten statt. Dabei werden vernetzte Datenbanken sowie Bild- und Tonsysteme in Verbindung mit

Big-Data-Analysen und Methoden der Künstlichen Intelligenz eingesetzt. Bei Identifizierung, Quantifizierung, Qualifizierung und Evaluierung in öffentlichen Bereichen, etwa über Sprach-, Stimm- und Gesichtserkennung, verbunden mit Emotionserkennung, sind Echtzeitverfahren von Bedeutung.

2. *Beispiele und Merkmale:* Nach der mehrjährigen Testphase – die unter anderem in Rongcheng stattfand – sollte im Jahre 2020 das „moralische und soziale Bonitätssystem" (Kai Strittmatter) in den Normalbetrieb übergehen. Das Punktekonto wird je nach Bewertung nach oben oder unten korrigiert. In Rongcheng startet man mit 1000 Punkten, bei über 1050 Punkten gilt man als mustergültig, bei weniger als 599 als unehrlich. Es sind einerseits Belohnungen vorgesehen, andererseits Bestrafungen wie Karrierebehinderungen, Reiseverbote, Steuererhöhungen oder Betriebsbeschränkungen. Chinesische Unternehmen wie Huawei, Baidu, Alibaba, Tencent und iFlytek sind nicht nur – neben Bürgern und Behörden – Ziel, sondern auch Teil der Kontrolle. In der Zukunft könnten mobile Roboter eine Rolle spielen, die die Menschen auf Schritt und Tritt verfolgen, sowie Wearables, Brain-Computer-Interfaces und Implantate.

3. *Kritik und Ausblick:* Das Sozialkreditsystem kann als Automatisierung des Totalitarismus gelten. Es führt zu einer völligen Unterwerfung unter die Vorstellungen und Vorgaben von Staat und Gesellschaft. Das nichtkonforme Individuum wird im Extremfall innerhalb der Grenzen der Volksrepublik gefangen gehalten, der konforme Bürger mit einer Freiheit belohnt, die er in erster Linie im Räumlichen und Wirtschaftlichen nutzen wird. Bei Firmen, die dem Scoring und Rating unterzogen werden, kann einerseits Korruption (in der Definition der KP) verhindert, andererseits Innovation behindert werden. Offen ist, was das Sozialkreditsystem für Besucher bedeutet. Die Ethik widmet sich der fragwürdigen Idee einer von oben verordneten und von unten unfreiwillig und unkritisch gestützten Moral von Personen und Einrichtungen, die Wirtschaftsethik der zweifelhaften Rolle der beteiligten Internet- und IT-Firmen. Deren Entwicklungen wendet sich die Informationsethik zu, wobei sie nicht zuletzt nach den Möglichkeiten des Hackens und Manipulierens bzw. Modifizierens fragt.
(Oliver Bendel)

Sprachassistent

1. *Allgemein:* Sprachassistenten sind natürlichsprachliche Dialogsysteme, die Anfragen der Benutzer beantworten und Aufgaben für sie erledigen, in privaten und wirtschaftlichen Zusammenhängen. Sie sind auf dem Smartphone ebenso zu finden wie im Smart Speaker, in Robotern ebenso wie in Fahrzeugen. Sie verstehen mit Hilfe von Natural Language Processing (NLP) gesprochene Sprache und wenden sie selbst an, unter Gebrauch eines Text-to-Speech-Systems. Auf die Stimme der Maschine (oder des Benutzers) zielt „Voicebot" (engl. „voicebot") oder „Voice Assistant" (engl. „voice assistant"). „Virtueller Assistent" oder „Digitaler Assistent" wird als Überbegriff oder Synonym verwendet. Verwandtschaft besteht zu Chatbots, die oft textuell, manchmal auch auditiv umgesetzt sind und eine längere Tradition haben. Sie und Voicebots sind wiederum wie andere natürlichsprachliche Dialogsysteme Conversational Agents bzw. Conversational User Interfaces.

2. *Beispiele und Anwendungsgebiete:* Siri, Cortana und Google Assistant sind bekannte Anwendungen für das Smartphone. Sie werden teils zur Bedienung von Diensten und Geräten (etwa im Smart Home) und in Autos und Shuttles (zur Steuerung der Bordelektronik) eingesetzt. Auch auf Weltraumflügen – etwa zum Mars – sollen sie zur Verfügung stehen. Mit Google Assistant ist das Projekt Google Duplex verbunden. Man teilt, so die Grundidee, bestimmte Daten mit, und die Maschine reserviert telefonisch einen Tisch oder vereinbart einen Termin beim Frisör. Die meisten Sprachassistenten sind, anders als viele Chatbots, nicht grafisch erweitert, haben also keinen Avatar. Hologramme in der Fiktionalität, beispielsweise in Filmen wie „Blade Runner 2049", dienen als virtuelle Assistenten. In der Realität gibt es erste Produkte wie die Gatebox aus Japan mit einem Manga- oder Animemädchen im Inneren des durchsichtigen Behälters. Hier kann man von einem Sprachassistenten mit holografischer Visualisierung sprechen.

3. *Sprache und Stimme:* Sprachsynthese hat eine lange Geschichte, die bis ins 18. Jahrhundert zurückreicht, wenn man an die Konstruktionen von Wolfgang von Kempelen denkt. Die computerbasierten synthetischen Stimmen, die aus der Mitte des 20. Jahrhunderts stammen, wurden nach

und nach immer natürlicher gestaltet. So brachte man Alexa auf Echo von Amazon das Flüstern bei, und Google Assistant streut „Ähs" und „Mmhs" in seine Rede ein. Man versucht also einerseits, typisch menschliche Ausdrucksweisen nachzuahmen, andererseits Imperfektion anzuwenden, um Perfektion (im Sinne von Glaubwürdigkeit und Echtheit) zu erreichen. Synthetische Stimmen können mit der Speech Synthesis Markup Language (SSML) manipuliert werden. Sie klingen dank bestimmter Befehle z. B. weicher, jünger und euphorischer oder verstummen für einen definierten Moment. Oder sie flüstern eben – auch in diesem Fall ist SSML im Spiel. Bei Sprachassistenten herrschen weibliche Stimmen vor. Immer mehr Hersteller verzichten darauf, sie als Standardeinstellung vorzugeben, und es können männliche und neutrale Stimmen ausgewählt werden. Letztere werden von manchen Experten als politisch korrekt angesehen, sprechen aber viele Benutzer nicht an (oder werden von diesen als ungewöhnliche männliche oder weibliche Variante interpretiert).

4. *Kritik und Ausblick:* Sprachassistenten sind längst Alltag geworden und erleichtern diesen in vielfältiger Weise. Problematisch ist eine Aufnahme, die mit Überwachung verbunden ist, etwa in Bezug auf das Gesprochene oder die Stimme. Mithilfe von Stimmerkennung kann der Benutzer identifiziert und analysiert werden. In den meisten Fällen ist bei der Verwendung von Sprachassistenten klar, dass es sich um Artefakte handelt, und man bedient sie wie Werkzeuge. Auch bei Telefonsystemen weiß man in der Regel, womit man spricht. Bei SMS-Flirtdiensten wurden bereits um die Jahrtausendwende Automatismen integriert, ohne dass die Benutzer dies immer wussten. Mit Systemen wie Google Duplex kehren sich die Verhältnisse in gewisser Hinsicht um. Man nimmt einen Anruf entgegen, kommuniziert wie gewohnt, hat aber vielleicht, ohne es zu wissen, einen Computer am Apparat, keinen Menschen. Für Chatbots wurde bereits früh vorgeschlagen, dass diese klarmachen sollen, dass sie keine Menschen sind. Möglich ist es zudem, die Stimme roboterhaft klingen zu lassen, sodass kaum Verwechslungsgefahr besteht. Dies alles sind Themen für Informationsethik, Roboterethik und Maschinenethik und allgemein Roboterphilosophie.

(Oliver Bendel)

Subsidiarität

Der Katholischen Soziallehre entstammendes Prinzip, das auf die Entfaltung der individuellen Fähigkeiten, der Selbstbestimmung und Selbstverantwortung abstellt. Nur dort, wo die Möglichkeiten des Einzelnen bzw. einer kleinen Gruppe nicht ausreichen, Aufgaben zu lösen, sollen staatliche Institutionen eingreifen. Dabei ist der *Hilfe zur Selbsthilfe* der Vorrang vor einer unmittelbaren Aufgabenübernahme durch den Staat zu geben. Das Subsidiaritätsprinzip ist ein zentrales Element des ordnungspolitischen Konzepts der Sozialen Marktwirtschaft. Es hat zudem Eingang gefunden in zahlreiche Rechtssysteme, etwa im Europarecht.
(Andreas Suchanek, Nick Lin-Hi)

Sustainable Development Goals

Bei den Sustainable Development Goals (SDGs), im Deutschen auch als Agenda 2030 bezeichnet, handelt es sich um einen globalen Aktionsplan der Vereinten Nationen, welcher 17 Ziele für eine nachhaltige Entwicklung formuliert. Die SDGs wurden 2015 verabschiedet und fungieren als grundlegende Orientierungspunkte für die bis 2030 angestrebten Änderungen. Die SDGs sind in 169 Unterziele unterteilt und haben sich weltweit als zentrales Rahmenwerk für eine nachhaltige Entwicklung etabliert.
(Nick Lin-Hi)

Systemrelevanz

1. *Allgemein:* Systemrelevanz ist die Relevanz (also die Bedeutsamkeit oder Wichtigkeit in einem bestimmten Zusammenhang), die Staaten, Organisationen, Unternehmen, Produkte, Dienstleistungen und Berufsgruppen (respektive ihre Angehörigen) für den Betrieb und die Aufrechterhaltung eines Systems, etwa eines Wirtschafts- oder Gesundheitssystems oder der Grundversorgung, haben.

2. *Beispiele:* Kreditinstitute werden häufig als systemrelevant wahrgenommen („too big to fail"), zudem Abfallentsorgung, Einzelhandel, Apotheken und Ärzte sowie Feuerwehr und Polizei, seit dem Ausbruch von COVID-19 auch Pflegeberufe bzw. -kräfte. Die Digitalisierung (mitsamt IT-Infrastrukturen, Telekommunikationsnetzen und Servicerobotern) kann ebenfalls Systemrelevanz aufweisen und in Zukunft bei Krisen und Katastrophen an Bedeutung gewinnen.

3. *Kritik und Ausblick:* Was wirklich systemrelevant ist, wird unterschiedlich gesehen, und die Rettung von Banken mit Steuergeldern kann kritisiert werden. Welches System man wiederum schützen soll, ist ein weiterer Streitpunkt. So können Politik- und Wirtschaftsethik grundsätzlich den Kapitalismus infrage stellen, Technik- und Informationsethik die Abhängigkeit von der Digitalisierung. Umwelt- und Tierethik untersuchen, inwieweit ein System (und dessen Gefährdung) auf der Ausbeutung der Natur und von Lebewesen beruht. (Oliver Bendel)

T

Technikethik

1. *Allgemein:* Die Technikethik bezieht sich auf moralische Fragen des Technik- und Technologieeinsatzes. Es kann um die Technik von Häusern, Fahrzeugen, Robotern (Industrierobotern wie Service-robotern) oder Waffen ebenso gehen wie um die Nanotechnologie. Zur Wissenschaftsethik und (in der Informationsgesellschaft) zur Informationsethik besteht ein enges Verhältnis. Zudem muss die Technikethik mit der Wirtschaftsethik kooperieren.

2. *Technikfolgenabschätzung und Technikethik:* Technikfolgenabschätzung (TA), auch Technologiefolgenabschätzung genannt, ist für Analyse und Bewertung der Wirkungen und Folgen einer Technik bzw. Technologie zuständig und ein wichtiges Instrument bei der Beratung der Politik. In Deutschland gibt es das Büro für Technikfolgen-Abschätzung beim Deutschen Bundestag (TAB), in der Schweiz das Zentrum für Techno-logiefolgen-Abschätzung TA-SWISS, in Österreich das Institut für Technikfolgen-Abschätzung (ITA). Die Technologiefolgenabschätzung ist interdisziplinär und bedient sich der Methoden verschiedener Wissenschaften, etwa von Soziologie und Philosophie. In moralischen

© Der/die Autor(en), exklusiv lizenziert durch Springer Fachmedien Wiesbaden GmbH, ein Teil von Springer Nature 2022
O. Bendel et al., *110 Keywords Wirtschaftsethik,*
https://doi.org/10.1007/978-3-658-36385-7_18

Fragen der Informations- und Wissensgesellschaft trifft sich die TA mit mehreren Bereichsethiken.

3. *Zentrale Fragen:* Nach Otfried Höffe sind Technikfolgen ein bedeutendes Thema der Ethik geworden, weil die wissenschaftlich geleitete Technik die Arbeits- und Lebenswelt der Menschen immer nachhaltiger beeinflusse, umgestalte und schaffe. Primäre Problemfelder praktischer Verantwortung und ethischer Reflexion seien in diesem Zusammenhang unter anderem die Klärung der moralischen Berechtigung der Nutzung von Kernenergie, die Abschätzung von Gefahren und Chancen der Prägung, Bildung, Manipulation und Deformation des Menschen durch die Medien- und Computertechnik sowie „die Sicherung der Humanität der Arbeitswelt im Rahmen der Globalisierung der marktgesellschaftlichen Ökonomie", die durch die neuen Techniken und durch Systeme der Information und Mobilität ermöglicht und vorangetrieben werde. Annemarie Pieper verweist auf die ethischen Voraussetzungen des „Herstellungshandelns" und fordert eine Verantwortungsethik für „jene Personengruppen, die durch die Erzeugung technischer Produkte massiv in unsere Lebensverhältnisse eingreifen".

4. *Kritik und Ausblick:* Mit der Technisierung der unbelebten und belebten Welt, wie sie sich etwa bei den denkenden Dingen, bei cyberphysischen Systemen, in der Gentechnik und im Transhumanismus zeigt, nimmt die Bedeutung der Technikethik zu. Mit der Computerisierung der Technik wächst die Technikethik noch mehr mit der Informationsethik zusammen, die aus der einen Perspektive innerhalb ihrer Grenzen entstanden ist, aus einer anderen sich eigenständig entwickelt und längst als Bereichsethik etabliert hat. Hinsichtlich der Entwicklung und Produktion von Technik und Technologien, im E-Business, in der Industrie 4.0 und überhaupt bei ökonomischer Relevanz ist zudem die Wirtschaftsethik gefragt, bei auf Wissenschaft basierenden (also immer mehr) Erkenntnissen und Produkten die Wissenschaftsethik. Jetzt und in Zukunft geht es darum, Pieper folgend, dass das technisch Machbare durch das ethisch Wünschenswerte restringiert wird. Allerdings ist zu beachten, dass auch das technisch Versäumte unwillkommene Auswirkungen haben kann.

(Oliver Bendel)

Tierethik

1. *Allgemein:* Die Tierethik beschäftigt sich, um eine Wendung von Ursula Wolf zu gebrauchen, mit dem Tier in der Moral, genauer mit den Pflichten von Menschen gegenüber Tieren und den Rechten von Tieren, ferner mit dem Verhältnis zwischen Tieren und (teil-)autonomen intelligenten Systemen, z. B. Agenten und Robotern. Sie hat sich, mit Wurzeln in der griechischen und römischen Antike, bei Pythagoras und Empedokles sowie Plutarch, im 18. und 19. Jahrhundert mit Jeremy Bentham und Arthur Schopenhauer allmählich entwickelt und im 20. Jahrhundert als Bereichsethik voll ausgebildet. Anders als bei jeder anderen Bereichsethik steht nicht der Mensch, sondern das Tier als Objekt der Moral im Vordergrund.

2. *Argumente und Begründungen:* Ein wichtiges moralisches und ethisches Argument ist die Leidensfähigkeit. Mit dieser lässt sich eine artgerechte Haltung (im Gegensatz zur Massentierhaltung) oder sogar ein Verbot der Nutzung begründen. Nach Bentham ist die Frage nicht, ob Tiere denken oder reden, sondern ob sie leiden können. Darüber hinaus ist die Frage, ob sie leben wollen. Mit dem Lebenswillen lässt sich unter Umständen ein Verbot des Tötens begründen. Das Tier wird im Allgemeinen als Objekt der Moral angesehen, nicht aber als Subjekt. Menschenaffen und anderen hoch entwickelten Lebewesen gesteht man allenfalls eine Vormoral zu, und es ist unbestritten, dass sie weitgehende soziale Fähigkeiten haben. Zudem ist gesichert, dass die menschliche Moral aus einer tierischen Vormoral (wenn man sie so nennen will) hervorgegangen ist.

3. *Beziehungen zu Bereichsethiken:* Die Tierethik muss ihre Stellung innerhalb der Ethik und ihr Verhältnis zu den Bereichsethiken bestimmen, die sich selbst dem Tier zuwenden. Die Informationsethik thematisiert vor dem Hintergrund, dass Tiere mit Funkchips versehen, mit Überwachungsgeräten verfolgt und von Maschinen betreut werden, die Rechte und Pflichten von Kreaturen in der Informationsgesellschaft und die Möglichkeiten, Technologien und Systeme tiergerecht zu gestalten. Die Maschinenethik als Pendant zur Menschenethik interessiert sich dafür, wie man (teil-)autonome Systeme, die

in eine Interaktion mit Tieren treten (Tier-Maschine-Interaktion), als moralische Subjekte (der besonderen Art) umsetzen kann. Enge Beziehungen gibt es zur Wirtschaftsethik, mit Blick auf Massentierhaltung und Industrialisierung des Tötens, zudem zu Bio- und Umweltethik (als deren Teilgebiet die Tierethik auch betrachtet werden kann).

4. *Kritik und Ausblick:* Die Tierethik bekommt neue Impulse durch Tierrechtsbewegungen und vegetarische und vegane Lebensweisen, die immer wieder im Trend liegen. Dabei muss sie ihre Unabhängigkeit bewahren, ohne in der Beliebigkeit zu versinken. Die politischen Organe kann sie, etwa durch Vertreter einer Ethikkommission, beraten und unterstützen. Im ständigen Dialog ist sie mit der Rechtswissenschaft, bspw. in Bezug auf die Frage, ob Tiere lediglich als Sachen oder als fühlende Wesen mit eigenen Interessen und Rechten aufzufassen sind. Nicht zuletzt hat sie sich mit Biologie, Tiermedizin und -psychologie zu verständigen, zudem – über Informations- und Technikethik sowie Maschinenethik als Mittler – mit Ingenieurwissenschaften, Informatik, Wirtschaftsinformatik und Robotik.

(Oliver Bendel)

Triage

1. *Allgemein:* „Triage" (fr. „trier": „aussortieren", „auswählen", „aussuchen") ist ein Begriff aus der Militärmedizin und bezeichnet die Einteilung der Verletzten (bei einer Katastrophe bzw. nach einem Angriff im Krieg) nach der Schwere der Verletzungen. Unterschieden werden häufig leichte, mittlere und schwere Fälle; als prädestiniert gelten die mittleren Fälle, und zwar deshalb, weil die leichten auch ohne medizinische Versorgung überleben werden und die schweren hoffnungslos sind oder zu viele Ressourcen beanspruchen.

2. *Artenschutz:* Übertragen auf die Gefährdung der Artenvielfalt und den Artenschutz bedeutet Triage, dass nach wissenschaftlichen oder ökonomischen Erwägungen der einen Art geholfen, die andere jedoch fallengelassen wird. Man kann ein Triage-Verfahren nach stammesgeschichtlichen Gesichtspunkten fordern, mit der Annahme, dass ältere Arten wichtiger sind als jüngere Abstammungen, die noch viel Gen-

material miteinander teilen. Eine andere Möglichkeit ist, Arten nach ihrer Schlüsselrolle für das ökologische System zu beurteilen. Manche Wirtschaftswissenschaftler versuchen den Geldwert zu bestimmen.

3. *COVID-19:* Anfang 2020 haben Vereinigungen in der Schweiz, in Österreich und in Deutschland auf das Triage-Prinzip verweisende Empfehlungen zur Behandlung im Zusammenhang mit COVID-19 vorgelegt. In der Bundesrepublik haben sowohl die medizinisch geprägte Deutsche Interdisziplinäre Vereinigung für Intensiv- und Notfallmedizin (DIVI) als auch der medizinisch und theologisch geprägte Deutsche Ethikrat die Heilungschancen in den Vordergrund gerückt, was der Grundidee des Triage-Prinzips entspricht. Eine Entscheidung bei knappen Ressourcen sollte nach einhelliger Meinung unabhängig von sozialem Status, Herkunft, Alter, Geschlecht oder Behinderung getroffen werden.

4. *Kritik und Ausblick:* Als rationales Prinzip, das den emotionalen Aspekt zu vernachlässigen scheint, stand die Triage seit jeher in der Kritik. Allerdings handelt es sich vielleicht um die einzige Möglichkeit, angesichts von Ressourcenknappheit adäquat zu agieren und zu reagieren. Der Hinweis des Deutschen Ethikrats, dass Triage-Situationen zu vermeiden seien, ist wenig hilfreich. Das entsprechende Prinzip wird ja gerade bei Notlagen angewandt, die man sich selten wünschen wird und nur bedingt steuern kann. Die Moralphilosophie kann sich der Problematik – etwa in der Medizinethik und der Umweltethik – ein Stück weit voraussetzungslos und vorurteilsfrei annehmen.
(Oliver Bendel)

U

Überkonsum

1. *Allgemein:* Beim Überkonsum (engl. „overconsumption") werden so viele natürliche Ressourcen verbraucht, dass das Ökosystem überlastet und in seiner Nachhaltigkeit beeinträchtigt ist. Die Umweltzerstörung nimmt zu, der Klimawandel beschleunigt sich, die natürlichen Ressourcen werden weniger oder verschwinden. Konsum, der Verzehr oder Verbrauch von Gütern, führt unter bestimmten Voraussetzungen (auf starkes Wachstum ausgerichtete Wirtschaftsordnung, Überproduktion, Wohlstand, Überbevölkerung) fast unausweichlich zur Konsumgesellschaft und zu einem Überkonsum innerhalb eines regionalen oder überregionalen Systems. Der Begriff wurde 2020 einer breiten Öffentlichkeit bekannt, als Greta Thunberg (Fridays for Future) ihn mit Blick auf den Black Friday benutzte.
2. *Ressourcen und Überkonsum:* Ressourcen sind Bestände und Mittel, die bestimmten Zielen und Zwecken dienen, wie der Erstellung und Bereitstellung von Produkten und Dienstleistungen. In der Wirtschaft gehören immaterielle und materielle Güter wie Betriebsmittel, Geld, Energie, Rohstoffe und Menschen dazu. Natürliche Ressourcen ent-

O. Bendel et al., *110 Keywords Wirtschaftsethik*, https://doi.org/10.1007/978-3-658-36385-7_19

143

stammen der Natur. Beim Überkonsum werden sie in einem Übermaß benötigt. Nachwachsende Rohstoffe und erneuerbare Ressourcen sind ein Lösungsansatz, verfolgt z. B. von der Forst- und Landwirtschaft, können aber im Falle von Monokulturen und Massentierhaltung ebenfalls das Ökosystem stören und zerstören. Der Welt- oder Erdüberlastungstag (Earth Overshoot Day) ist das Datum, zu dem die Menschheit die natürlichen Ressourcen eines Jahres erschöpft hat. 2020 war dies der 22. August, 2021 der 29. Juli.

3. *Kritik und Ausblick:* Die Technikethik untersucht die Verantwortung der Technik, die die Ressourcenverwendung und -verschwendung im Zusammenhang mit dem Überkonsum vorantreibt, die Informationsethik die Veränderung (im Gebrauch) der Ressourcen und die Herstellung von Apps und Gadgets im Kontext der Digitalisierung, etwa in Bezug auf den Stromverbrauch und die Lebenszeit von Smartphone und Tablet sowie den Einsatz von Gamification zur Bindung, die Wirtschaftsethik das Verhältnis zwischen Konsum und Überkonsum, und zwar auf Mikro-, Meso- und Makroebene. Auf der Mesoebene ist die Frage, in welcher Weise das Unternehmen den Überkonsum nährt (Unternehmensethik), auf der Makroebene, in welcher Form das Gesellschafts- und Wirtschaftssystem dazu beiträgt (Ordnungsethik). Auf der Mikroebene bringt sich u. a. die Konsumentenethik ein (Konsument als direkter Verursacher des Überkonsums).

(Oliver Bendel)

Umweltethik

1. *Allgemein:* Die Umweltethik bezieht sich auf moralische Fragen beim Umgang mit der belebten und unbelebten Umwelt des Menschen. Im engeren Sinne verstanden, beschäftigt sie sich in moralischer Hinsicht mit dem Verhalten – sowohl von Personen als auch von Unternehmen – gegenüber natürlichen Dingen und dem Verbrauch von natürlichen Ressourcen. Im weiteren Sinne umfasst sie auch Tierethik und (sofern man eine solche zulassen will) Pflanzenethik.

2. *Zentrale Fragen:* Zu den zentralen Fragen der Umweltethik gehört, welche Dinge bzw. Lebewesen einen Wert oder Rechte im moralischen

Sinne haben. Üblicherweise gesteht man Tieren durchaus Rechte zu, im Gegensatz zu Pflanzen, Bergen und Seen. Ob diese einen Eigenwert haben, ist umstritten, und man hält sie meist lediglich in Ansehung des Menschen für schützenswert. Einen solchen Anthropozentrismus kritisierend, bezieht der Physiozentrismus auch Pflanzen (Biozentrismus) oder Berge und Seen ein (Holismus). Mit dem Schutz von Arten und Ökosystemen beschäftigen sich Tier- und Pflanzenethik sowie Umweltethik im engeren Sinne.

3. *Weitere Entwicklung:* Die Umweltethik hat Verbindungen mit Umwelt- und Naturschutz. Sie versteht sich als ökologische Ethik und setzt sich in ihrer normativen Ausprägung, teilweise die Grenze zum Umweltaktivismus überschreitend, für den Erhalt von Tieren und Pflanzen bzw. deren Arten und eine Schonung von Ressourcen ein. Wenn sie Unternehmen thematisiert, ist die Wirtschaftsethik gefragt. Wenn sie nicht nur Menschen und Unternehmen als moralische Subjekte begreift, die auf die Umwelt einwirken und sie verändern, sondern auch Maschinen, muss sie sich mit der Maschinenethik verständigen, wenn sie nicht nur die natürliche Umwelt meint, sondern auch Artefakte wie Fahrzeuge und Roboter, mit Technikethik bzw. Roboterethik. Bei der Gentechnik sind je nach Ausprägung verschiedene Bereichsethiken relevant.

(Oliver Bendel)

Unternehmensethik

Die Unternehmensethik ist der Teil der Wirtschaftsethik, der sich mit Unternehmen sowie deren Führung beschäftigt. Zu finden sind sowohl normativ geprägte Überlegungen, welche unter anderem mit Bezug auf existierende ethische Konzepte sowohl Existenz als auch Aufgaben und Verantwortlichkeiten von Unternehmen diskutieren, als auch instrumentelle Ansätze, welche ökonomische Überlegungen in den Mittelpunkt stellen. Die anglo-amerikanische Diskussion firmiert unter dem Begriff „Business Ethics" und wird von pragmatisch-instrumentellen Zugängen dominiert, infolgedessen auch eine starke Nähe zu Corporate Social Responsibility besteht. Neuere

Entwicklungen betrachten unternehmensethische Fragestellungen auch aus einer verhaltenswissenschaftlichen Perspektive, auch als Behavioral Business Ethics bezeichnet, und adressieren hier unter anderem Einstellungen und Verhaltensweisen von Stakeholdern in normativ besetzten Kontexten. Die Unternehmensethik kann von wirtschaftsethischen Überlegungen allerdings nicht vollständig abgekoppelt werden, da es ansonsten nicht möglich ist, Rahmenbedingungen wie Wettbewerb und Marktwirtschaft sowie hieraus folgende Handlungslogiken adäquat zu berücksichtigen.
(Nick Lin-Hi, Andreas Suchanek)

Utilitarismus

1. *Begriff:* Konzeption, die ethische Urteile über Handlungen und/oder Regeln auf den Nutzen für alle stützt, den sie stiften: Erwünschte nichtmoralische Güter (z. B. Glück, Reichtum) qualifizieren jene Handlungen bzw. Regeln, die diese Güter maximieren, als „moralisch gut". Es handelt sich beim Utilitarismus daher um eine teleologische Ethikauffassung (Ethik).

2. *Bestimmungen des „Nutzens":* Utilitaristische Konzeptionen unterscheiden sich u. a. darin, was sie als „Nutzen" ansehen. Das Spektrum reicht von „pleasure", Glück bzw. Glückseligkeit (Bentham) über Lust, ferner Erkenntnis bzw. Liebe (Mill, Moore) bis zum offenen Nutzenbegriff bestimmter Richtungen der Ökonomik.

3. *Bedeutung:* Der Utilitarismus hat aufgrund der grundlegenden Kategorie „Nutzen" auf breiter Front Eingang in die moderne Ökonomik gefunden, von Kosten-Nutzen-Analysen bis hin zu theoretischen Grundlagen ökonomischer Modelle, die höchst einflussreich waren und sind. Selbst Autoren wie Hare oder Mackie, die dem Utilitarismus durchaus kritisch gegenüberstehen, und sogar ausgesprochene Utilitarismus-Kritiker wie Sen und Williams heben hervor, dass zumindest in Teilbereichen auf Rationalisierungen nach utilitaristischem Argumentationsmuster nicht verzichtet werden kann.

4. *Theoretische Probleme des Utilitarismus:* Die theoretischen Probleme des Utilitarismus liegen in der axiomatischen Grundlegung (vor allem

Konsistenz und Vollständigkeitspostulate) sowie in der Messbarkeit, den interpersonellen Nutzenvergleichen und der Verteilung.

5. *Ethische Kritik am Utilitarismus:* Es bleibt aus der Sicht der Ethik ein grundlegender, konzeptionell bedingter Kritikpunkt bestehen: Dem Utilitarismus ist es bis heute nicht gelungen, die intuitiven Moralvorstellungen der meisten Menschen in Bezug auf die „Autonomie" der „Person" – auf ihre grundlegenden Rechte, auf die Verbindlichkeit moralischer Regeln – theoretisch zu rekonstruieren. Selbst Harsanyi, der mit der Tradition des Utilitarismus den Nutzen aller Individuen ein gleiches Gewicht beilegt und dies mit dem demokratischen Prinzip begründet, kommt nicht darum herum, die individuellen Nutzen zu aggregieren, bevor die Maximierung des Durchschnittsnutzens vorgenommen werden kann. Damit können Individuen bzw. ihre Nutzen mit den Nutzen anderer verrechnet werden – mit der Folge, dass Nutzeneinbußen einzelner von größeren Nutzengewinnen anderer aufgewogen werden können. Die Autonomie bzw. Würde der Person und die Menschenrechte stehen damit prinzipiell zur Disposition. In der Sprache von Rawls, der seine „Theorie der Gerechtigkeit" als Gegenentwurf gegen den Utilitarismus versteht, bedeutet dies: „Der Utilitarismus nimmt die Verschiedenheit der einzelnen Menschen nicht ernst." Innerhalb des Utilitarismus gibt es *Versuche, diesen Bedenken Rechnung zu tragen:* Die besonders starke Gewichtung von individueller Freiheit und Menschenrechten im Vergleich zu anderen Gütern, aber auch die Behauptung, dass langfristig Systeme mit individueller Freiheit und Menschenrechten immer erfolgreicher seien als Systeme ohne diese Rechte, gehen in diese Richtung.

6. *Weiterentwicklung des Utilitarismus:* Solche Überlegungen haben bei einer Reihe von Autoren, die die theoretischen Leistungen des Utilitarismus anerkannt und erhalten wissen möchten, dazu geführt, den Utilitarismus zu ergänzen, vor allem durch das Prinzip der Gerechtigkeit (so Lyons und Trapp). Andere wie Brandt entwickeln den Regelutilitarismus in einer Weise weiter, dass er für Kritiker, z. B. für Rawls oder Williams, seinen utilitaristischen Charakter verliert. Wieder andere wie Mackie oder Hare schränken den Bereich der sinnvollen Verwendung utilitaristischer Argumentationen auf Teilbereiche oder besondere Fälle der Ethik ein.

(Andreas Suchanek, Nick Lin-Hi, Hagen Krämer)

V

Verantwortung

Mit Verantwortung wird der Umstand bezeichnet, dass jemand gegenüber einer Instanz für sein Handeln Rechenschaft abzulegen hat. Der Begriff „Verantwortung" entstammt ursprünglich dem Rechtsbereich und wurde dann im christlichen Sprachgebrauch auch als Rechenschaftspflicht des Menschen gegenüber Gott oder dem eigenen Gewissen ausgelegt. Das normative Konzept Verantwortung wird heute oftmals als dreistellige Relation verstanden, bei der einem Subjekt für ein Objekt aufgrund von etwas eine Zuständigkeit zugewiesen wird. Ein zentrales Merkmal für die Verantwortungsrelation ist die an Handlungen und Handlungsfolgen geknüpfte Verbindung zwischen dem Subjekt und dem Objekt. Entsprechend meint Verantwortung, dass ein Akteur für seine Handlungen bzw. die damit verbundenen Handlungsfolgen einzutreten hat. Traditionell wird die Sichtweise vertreten, dass Verantwortung sowohl Handlungsfreiheit als auch die Fähigkeit, die Folgen des eigenen Tuns vorherzusehen, voraussetzt.

Grundsätzlich kann Verantwortung nicht unendlich sein, sodass sich die Frage nach ihren Grenzen stellt. Sowohl die mit Arbeitsteilung

© Der/die Autor(en), exklusiv lizenziert durch Springer Fachmedien Wiesbaden GmbH, ein Teil von Springer Nature 2022
O. Bendel et al., *110 Keywords Wirtschaftsethik*,
https://doi.org/10.1007/978-3-658-36385-7_20

und Spezialisierung einhergehenden Interdependenzen als auch neue Phänomene wie autonomes Fahren oder künstliche Intelligenz machen sinnvolle Verantwortungszuweisungen zunehmend schwieriger. Allgemein formuliert gilt, dass mit zunehmender Komplexität in der Gesellschaft auch die Schwierigkeit steigt, Reichweite und Grenzen von Verantwortung zu fassen. Ausgehend hiervon kann ein Bedarf an Verantwortungskonzeptionen konstatiert werden, welche auf die Bedingungen der modernen, digitalen Gesellschaft zugeschnitten sind. (Andreas Suchanek, Nick Lin-Hi)

Verbraucherzentrale

1. *Allgemein:* Verbraucherzentralen bieten Beratung und Informationen zu Fragen des Verbraucherschutzes, helfen bei rechtlichen Problemen und vertreten die Interessen der Kunden und Konsumenten. Sie sind nach eigener Aussage unabhängig, überwiegend öffentlich finanziert und gemeinnützig.

2. *Verbreitung:* In jedem Bundesland existiert eine Verbraucherzentrale, die im Interesse der Verbraucher agiert. Diese wenden sich an eine der bundesweit rund 200 Beratungsstellen, in der Regel in dem Bundesland, in dem sie wohnen. Die Dachorganisation „Verbraucherzentrale Bundesverband" vertritt die Interessen der Verbraucher gegenüber Politik, Wirtschaft und Gesellschaft auf Bundesebene. In Österreich und in der Schweiz existieren Einrichtungen, die sich für die Konsumenteninformation bzw. den Konsumentenschutz engagieren.

3. *Ziele und Aufgaben:* Die Verbraucherzentralen wollen hinsichtlich des Konsums der Verbraucherinnen und Verbraucher informieren, beraten und unterstützen, einen Überblick über das womöglich unübersichtliche Angebot geben und Einsicht in komplexe Marktbedingungen vermitteln. Im Fokus stehen Gesundheits- oder Umweltaspekte und, wenn auch eher implizit, Fragen der Wirtschaftsethik.

4. *Kritik und Ausblick:* Die Wirtschaftsethik interessiert sich für falsche Versprechen aus Gewinnspielen ebenso wie für die fragwürdigen Verheißungen der neuesten Wunderdiäten. Eine Rolle spielt dabei nicht nur die Unternehmensethik, sondern auch die Konsumentenethik,

insofern der Konsument gegenüber sich selbst, der Umwelt und in Bezug auf Unternehmen eine Verantwortung tragen soll, die Aufklärung und Mündigkeit entspringt.
(Oliver Bendel)

Vertrauen

Ist die Erwartung, nicht durch das Handeln anderer benachteiligt bzw. geschädigt zu werden; als solches stellt es die unverzichtbare Grundlage jeder Kooperation dar, die sich immer dort ergibt, wo Akteure (Vertrauensnehmer), die Einfluss auf andere (Vertrauensgeber) haben, über die *Freiheit* verfügen, in ihrem Handeln die Interessen anderer zu berücksichtigen oder nicht.

Man kann zwischen Vertrauen in Personen sowie, in abgeleiteter Form, in Organisationen (korporative Akteure) und in institutionelle Strukturen, z. B. das vorherrschende Rechts- oder Währungssystem, unterscheiden.

Komplementär zu Vertrauen ist Vertrauenswürdigkeit als Eigenschaft des Vertrauensnehmers, das in ihn gesetzte Vertrauen zu honorieren. Das ist insofern nicht trivial, als unter Umständen ein Anreiz besteht, sich selbst zu Lasten des Vertrauensgebers besserzustellen. Daher ist eine (glaubwürdige) Selbstbindung erforderlich. Als die beiden wesentlichen Eigenschaften von Vertrauenswürdigkeit werden Kompetenz und Integrität angesehen.

Vertrauen steht in einem engen Zusammenhang mit Verantwortung: Akteure, denen vertraut wird, haben die Verantwortung, diese Vertrauenserwartung zu respektieren.
(Andreas Suchanek, Nick Lin-Hi)

W

Weltwirtschaftsforum

1. *Allgemein:* Das vom Wirtschaftswissenschaftler Dr. Klaus Schwab gegründete Weltwirtschaftsforum (World Economic Forum, WEF) ist eine im Kanton Genf ansässige Stiftung bzw. die gleichnamige jährlich stattfindende Veranstaltung, auf der sich Politiker, Wissenschaftler, Wirtschaftsvertreter und andere Personen treffen und austauschen. Das Annual Meeting wurde bis 2020 in Davos durchgeführt, der höchstgelegenen Stadt Europas. Wegen COVID-19 – die Schweiz war zu dieser Zeit schwer davon betroffen – gab es danach einen Unterbruch, bis es 2022 weitergeführt wurde.

2. *Durchführung:* In Davos finden jeweils öffentliche und nichtöffentliche Sitzungen statt. Die ersteren werden gemeinhin über die Website des WEF gestreamt und von den internationalen Medien kolportiert und kommentiert. Wirtschaftswissenschaftliche Analysen weichen nach Meinung von Experten mehr und mehr medienwirksamen Präsentationen. Der Klimawandel wird von Akteuren diskutiert, die aus der ganzen Welt einfliegen und die nicht allen Journalisten bzw. Aktivisten glaubwürdig erscheinen.

© Der/die Autor(en), exklusiv lizenziert durch Springer Fachmedien Wiesbaden GmbH, ein Teil von Springer Nature 2022
O. Bendel et al., *110 Keywords Wirtschaftsethik,*
https://doi.org/10.1007/978-3-658-36385-7_21

3. *Kritik und Ausblick:* Das WEF als Veranstaltung gilt als wirtschafts-freundlich und männerlastig. Für die Bevölkerung von Davos und die Touristen bedeutet es eine erhebliche Einschränkung, für die Hotels eine wichtige Einnahmequelle. Dem Staat entstehen hohe Kosten, etwa mit Blick auf die Sicherheit. Auf Gegenveranstaltungen wie dem Welt-sozialforum (WSF) protestiert man gegen das WEF und stellt alter-native Denkansätze vor. Die Wirtschaftsethik befasst sich mit allen möglichen Aspekten, die ein Format dieser Art mit sich bringen kann, mit seinem elitären Charakter, dem intransparenten Herbeiführen von Entscheidungen und der Abhängigkeit der Wirtschaft vor Ort.
(Oliver Bendel)

Werte

Strukturen normativer Erwartungen, die sich im Zuge reflektierter Erfahrung (Tradition, Sozialisation, Entwicklung einer Weltan-schauung) herausbilden. Werte strukturieren das Erkennen, Erleben und Wollen, indem sie Orientierungsmaßstäbe für die Bevorzugung von Gegenständen oder Handlungen bilden. Zu unterscheiden sind Werte, die sich aus der Funktion des Bewerteten für einen über-geordneten Zweck ergeben, und Werte, die den Zweck selbst darstellen. Ökonomik betrachtet Werte üblicherweise aus der ersten, Ethik aus der zweiten Perspektive.
Gesellschaftliche Probleme werden häufig auf Verlust oder Verfall von (moralischen) Werten zurückgeführt. Dabei zeigt sich oft, dass die alleinige Einforderung dieser Werte wenig Wirkung zeigt und unter Umständen sogar kontraproduktiv wirken kann.
(Andreas Suchanek, Nick Lin-Hi)

Wettbewerb

Wettbewerb gehört zu den konstituierenden Elementen des markt-wirtschaftlichen Systems. Im Wettbewerb streben verschiedene Akteure nach der Erlangung von Ressourcen und bringen hierfür ent-

sprechende Gegenleistungen ein. Wettbewerb hat grundsätzlich einen ambivalenten Charakter und kann sowohl gesellschaftlich erwünschte als auch unerwünschte Resultate bedingen. Gesellschaftlich erwünscht ist ein Leistungswettbewerb, bei dem die individuelle Leistungsbereitschaft und -fähigkeit zentral für den Zugang zu Ressourcen ist. Im Leistungswettbewerb werden Akteure permanent dazu angehalten, ihre Ressourcen und Fähigkeiten in gesellschaftlich wertschaffender Weise einzubringen und ihre Anstrengungen kontinuierlich hochzuhalten. Um einen Leistungswettbewerb sicherzustellen und unerwünschte Formen wie etwa einen ruinösen Wettbewerb zu verhindern, bedarf es stets passender Regeln.
(Andreas Suchanek, Nick Lin-Hi)

Whistleblowing

1. *Begriff:* Beim Whistleblowing (von engl. „to blow the whistle", sinngemäß „etwas aufdecken", „jemanden verpfeifen") werden Hinweise auf Missstände in Unternehmen, Hochschulen, Verwaltungen etc. gegeben. Der Whistleblower ist meist ein (etablierter oder ehemaliger) Mitarbeiter oder ein Kunde und berichtet aus eigener Erfahrung. Er informiert Mittler und Medien oder direkt die Öffentlichkeit. Dabei riskiert er Stelle, Karriere und Ruf und muss mit Disziplinarmaßnahmen rechnen; insofern ist Whistleblowing mit Zivilcourage verbunden.
2. *Merkmale und Kriterien:* Damit man von Whistleblowing sprechen kann, müssen verschiedene Kriterien erfüllt sein: Es handelt sich um Missstände von erheblicher Tragweite; es geht nicht nur um die persönlichen Umstände des Whistleblowers, sondern um einen Vorfall von allgemeinem Interesse; es wird etwas aufgedeckt und enthüllt und letzten Endes die Öffentlichkeit oder in Ausnahmefällen der Verantwortliche respektive Arbeitgeber informiert; die Hinweise eröffnen die Möglichkeit, die Missstände zu beseitigen. Die Motive sind häufig rechtlicher oder moralischer Art oder beziehen sich auf die Reputation des Informanten.

3. *Plattformen:* Whistleblowing-Plattformen dienen dazu, relevante Informationen zu publizieren. Sie stehen Bürgerrechtsbewegungen oder Hackergruppen nahe bzw. werden von Medien initiiert und unterhalten. Auch Beispiele für staatliche Angebote liegen vor. Eine spezielle Form sind Whistleblowing-Plattformen in den Organisationen selbst; sie können ein Teil des Compliance-Managements und des Reputationsmanagements sein und dazu beitragen, dass Missstände intern bekannt gemacht und rasch beseitigt werden.

4. *Akzeptanz:* Whistleblowing wird einerseits kritisiert und attackiert, andererseits begrüßt und gefördert. Netzwerke und Vereine setzen sich für Whistleblower und ihre Zusammenarbeit ein, Preise führen zu einer öffentlichen Anerkennung und Aufwertung. Whistleblowing ist Gegenstand mehrerer Bereichsethiken, etwa von Wissenschafts-, Verwaltungs-, Wirtschafts- und Informationsethik. Zudem versucht die Politik dem Phänomen zu begegnen, mit ergänzenden Regelungen oder eigenständigen Gesetzen.

(Oliver Bendel)

Wirtschaftsethik

Wirtschaftsethik beschäftigt sich mit der moralischen Bewertung von wirtschaftlichen Systemen und sucht nach Möglichkeiten für gesellschaftliche Kooperationspotenziale. Angesichts zunehmender Kritik an dem marktwirtschaftlichen System sowie Unternehmen gewinnt die Vermittlung von normativem Orientierungswissen im Hinblick auf wirtschaftliche Zusammenhänge zunehmend an Bedeutung. Es existieren sowohl marktbefürwortende als auch marktablehnende wirtschaftsethische Positionen.

Als Bindestrichdisziplin steht die Wirtschaftsethik vor der Herausforderung, zwei unterschiedliche Disziplinen in methodisch kontrollierter Weise zusammenzubringen. Hierbei besteht eine grundlegende Schwierigkeit darin, dass zum einen ganz verschiedene normative Konzepte existieren und zum anderen die Frage besteht, inwieweit selbige unter den Bedingungen der modernen Gesellschaft allgemein sowie im Wirtschaftssystem im Besonderen Anwendung finden können. Hinzu kommt, dass es einer Übersetzungsleistung bedarf, um die Eigenlogiken der beiden Disziplinen zusammenbringen zu können.

Während insbesondere im deutschsprachigen Raum die wirtschaftsethische Diskussion früher vor allem die Frage nach der „richtigen" Wirtschaftsethikkonzeption in den Mittelpunkt stellte, ist die heutige wirtschaftsethische Forschung deutlich pragmatischer ausgerichtet. Die aktuelle Forschung ist stärker empirisch ausgerichtet und fokussiert insbesondere Fragen zur gesellschaftlichen Verantwortung von Unternehmen (Corporate Social Responsibility). Entsprechend ist heute eine Dominanz des Teilbereichs Unternehmensethik festzustellen.
(Nick Lin-Hi)

Wokeness

1. *Allgemein:* Wokeness ist die Haltung und Bewegung der Wachheit und Wachsamkeit. Man verfolgt aufmerksam das Geschehen in der Welt und will Antisemitismus, Rassismus, Sexismus, Gewalt, Umweltzerstörung, Massentierhaltung und andere Übel daraus entfernen, indem man seine Stimme erhebt, in den Massenmedien und in den sozialen Medien, auf der Straße und auf den Plätzen, in Schulen, Hochschulen und Unternehmen. Im Englischen bedeutet „to be woke", „wachsam zu sein" gegenüber Ungerechtigkeiten aller Art; „woke" ist die erste Vergangenheitsform von „to wake", „aufwachen". Im Deutschen wird „woke" als Adjektiv („Ich bin woke.") oder Substantiv (im Sinne der Woke-Bewegung oder -Kultur) verwendet.
2. *Hintergrund:* In Verbindung steht die Wokeness mit der Cancel Culture, dem behaupteten verbreiteten Phänomen, dass missliebigen, mehr oder weniger bekannten Personen (etwa aus Wissenschaft, Kunst und Politik) die Unterstützung entzogen oder der Kampf angesagt wird, mit dem Ziel, ihre Reputation zu beschädigen, ihre Berufsausübung zu verhindern oder ihre Präsenz in den Medien bzw. sozialen Medien zu vermindern. Die Cancel Culture wiederum ist nach Meinung ihrer Kritiker eine Fortführung der Political Correctness, der strikten und peniblen Einhaltung und Einforderung von gesellschaftlichen und

sprachlichen Normen, vor allem in Bezug auf angeblich oder tatsächlich benachteiligte Gruppen. Eine Rolle spielt nicht zuletzt die Identitätspolitik, mit deren Hilfe sich Diskriminierte, etwa Homosexuelle oder People of Color (PoC), wehren und befreien.

3. *Kritik und Ausblick:* Die Woke-Kultur muss damit leben, als Gutmenschentum abgestempelt zu werden, obwohl sie im Kern oft richtige und wichtige Anliegen hat, die sie vielleicht nicht immer in Ton und Gestus angemessen vermittelt. Es ist umstritten, ob sie damit der Sache – etwa dem Kampf gegen Klimawandel und Massentierhaltung – eher schadet oder eher nützt. Die Ethik untersucht den Moralismus, der in der Woke-Bewegung verankert ist, und die Verhältnismäßigkeit der Mittel und Folgen, zudem das Paradoxon, dass die eine diskriminierende Haltung zurückweisende Rede vom alten, weißen Mann selbst diskriminierenden Charakter hat. Medien- und Informationsethik interessieren sich für die Aspekte der Political Correctness und der Cancel Culture, die die sozialen Medien betreffen, Politik- und Wirtschaftsethik für die politischen und wirtschaftlichen Implikationen.

(Oliver Bendel)

Z

Zensur

1. *Allgemein:* Über Zensur werden unerwünschte oder unerlaubte Inhalte verhindert, beschnitten oder verfälscht. Sie kann sowohl Text als auch Bild betreffen. Bei der Selbstzensur hat man die Schere im Kopf, mit der man die vermutete oder erwartbare Zensur bereits berücksichtigt und in vorauseilendem Gehorsam deren Anforderungen erfüllt.
2. *Verursacher und Merkmale:* Zensur geht von staatlichen, religiösen, aber auch privaten (etwa privatwirtschaftlichen) Stellen aus. Man behindert die Berichterstattung von Massenmedien oder die freie Meinungsäußerung von Bürgern, Mitgliedern und Mitarbeitern, oder man setzt seine Vorstellung von Recht und Ordnung durch.
3. *Kritik und Ausblick:* Zensur ist ein jahrtausendealtes Phänomen. Moderne Kommunikations- und Distributionskanäle aller Art, vor allem im Internet bzw. im WWW, scheinen sie fast unmöglich zu machen. Dennoch üben China („Great Firewall of China") und andere totalitäre Staaten sie erfolgreich aus. Internetzensur ist ebenso schwierig

© Der/die Autor(en), exklusiv lizenziert durch Springer Fachmedien Wiesbaden GmbH, ein Teil von Springer Nature 2022
O. Bendel et al., *110 Keywords Wirtschaftsethik*,
https://doi.org/10.1007/978-3-658-36385-7_22

wie wirkungsvoll. Politik-, Medien- und Informationsethik widmen sich der Problematik.
(Oliver Bendel)

Zoom-Fatigue

1. *Allgemein:* Der Begriff „Zoom-Fatigue" (oder „Zoom Fatigue") bezeichnet das Phänomen, dass Videokonferenzen über den Computer – wie sie während der COVID-19-Pandemie jeden Monat millionenfach auf der ganzen Welt durchgeführt wurden – die Benutzer ermüden und auslaugen. Zoom Meetings wird von Zoom Video Communications angeboten, einem Unternehmen im Silicon Valley. Es ermöglicht die Teilnahme von bis zu 1000 Personen und die Anzeige von bis zu 49 Videos auf dem Bildschirm. Das französische Wort „fatigue" bedeutet „Müdigkeit", „Ermüdung" oder „Erschöpfung".
2. *Hintergrund:* Neben Zoom Meetings gibt es viele weitere Instant-Messaging-Dienste und internetbasierte Videokonferenzsysteme, die im dienstlichen Kontext eingesetzt werden, etwa Skype, MS Teams und Cisco Webex Meetings. Einige von ihnen gelten mit Blick auf Privatsphäre und Datenschutz als nicht sicher. In allen sieht man sich den Videos bzw. Fotos (oder zumindest den Namen) von Teilnehmerinnen und Teilnehmern sowie geteilten Bildschirminhalten und Chatverläufen gegenüber. In Befragungen klagten Benutzer über Kopf- und Rückenschmerzen und fanden es nachteilhaft, dass man das Gegenüber nur sehr reduziert wahrnehmen und nicht in Mimik und Gestik interpretieren kann.
3. *Kritik und Ausblick:* Während der Corona-Pandemie achteten nicht genügend Arbeitgeber und -nehmer auf die Ergonomie am Arbeitsplatz. Die Privatwohnungen mit ihren Zimmern, Tischen, Stühlen und Computern waren nicht durchgehend für Homeoffice geeignet. Gerade stundenlanges Sitzen vor Notebooks in Verbindung mit kaum interaktiven oder zu interaktiven Videokonferenzen und einem ungenügenden informellen Austausch führte zu physischen und psychischen Problemen und zumindest vorübergehenden Schäden. Die Zoom Fatigue kann aus Kognitionspsychologie, Arbeitswissen-

schaft, Arbeitsmedizin und Wirtschaftsethik heraus untersucht werden. Informationsethik und Rechtswissenschaft mögen ihren Beitrag zu Persönlichkeitsrechten und Datenschutzfragen rund um Videokonferenzen leisten.

(Oliver Bendel)

Printed by Printforce, the Netherlands